海岸線は語る

東日本大震災のあとで

松本健一

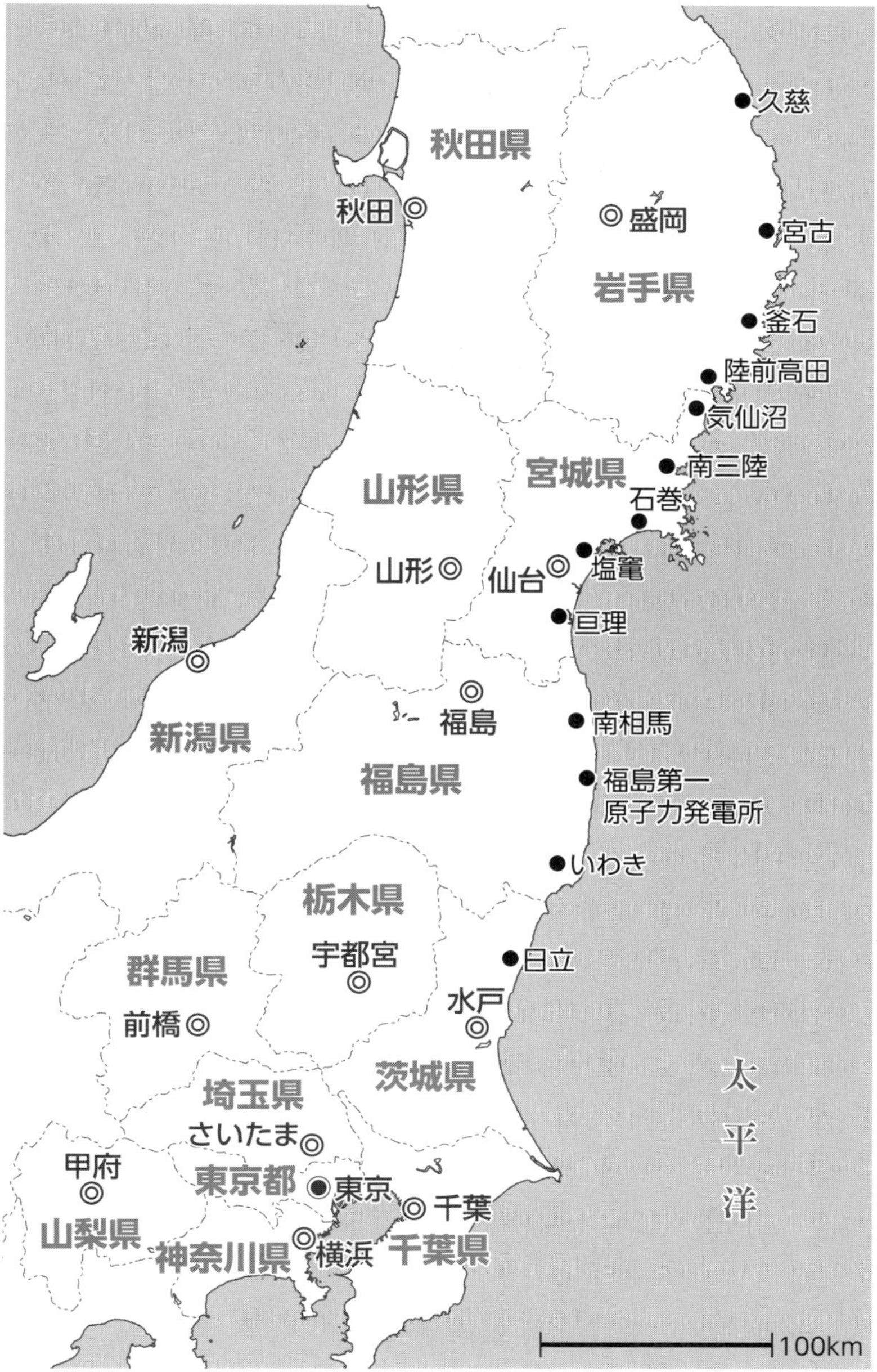

秋田県
久慈
秋田
盛岡
宮古
岩手県
釜石
陸前高田
気仙沼
宮城県
南三陸
山形県
石巻
山形
仙台
塩竈
亘理
新潟
福島
南相馬
新潟県
福島県
福島第一
原子力発電所
いわき
栃木県
宇都宮
日立
群馬県
水戸
前橋
茨城県
埼玉県
太
平
洋
さいたま
甲府
東京都
東京
千葉
山梨県
横浜
神奈川県
千葉県
100km

海岸線は語る——東日本大震災のあとで　目次

第二章　岩手編――リアス式海岸

終章　海岸線は語る

序章

海岸線が動いた

東方へ大きく傾いた東日本

多賀城《たがじょう》の麓にあるという、「末《すえ》の松山」を見に行かねばならない、とおもった。貞観《じょうがん》大地震（八六九年）でも波をかぶらなかった、宮城県仙台市の北にある「末の松山」は、今回の東日本大震災でも津波に襲われなかったのだろうか、と。

貞観の大地震はマグニチュード八・四、今回の東日本大震災はマグニチュード九・〇といわれる。その史上最大級ともいわれる東日本大震災で、かつては海岸線から一キロメートル、いまでは埋立てがおこなわれたため海岸線から三キロメートル内陸に入ったところに「末の松山」はあるが、埋立地はほぼ海抜二・三メートルにしかならないので、今回一四・五メートルの波高があった仙台地方の津波の威力に耐えられたのだろうか、と心が騒いだのである。

東日本大震災は、それほど大きな、史上最大ともいわれる地震と津波であった。

平成二十三（二〇一一）年三月十一日に発生したマグニチュード九・〇の東日本大震災は、国土地理院が発表した観測データによれば、東日本の海岸線を東、すなわち太平洋方向へ大きく移動させた。

最大の移動幅が記録されたのは、宮城県の牡鹿《おしか》半島である。牡鹿郡女川《おながわ》町では東南東へ五・

八五メートル（＊1）、石巻市鮎川浜《あゆかわ》で同じく東南東へ五・三メートル（＊2）と、半島一帯が五メートル以上東へずれ動いたのである。東日本が乗っている北米プレートが、日本海溝で太平洋プレートに一気に引きずられた結果だった。

プレートは、平時においても年間五ミリメートル程度ずつ移動している。とすれば、東日本大震災では、そのプレートが千年分以上もの距離をほんの一瞬で一気に東へ移動したことを意味する。このたびの東日本大震災については「千年に一度の大地震」と形容されるが、それは貞観十一（八六九）年の貞観地震以来、というのが本来の意味合いである。しかし、プレートの移動幅の大きさは、その年数と不思議な符合をなしている。

牡鹿半島に次いで、岩手県の陸前高田市で四・七三メートル、福島県の相馬市で三・二五メートルと、東北地方の太平洋岸で大きな移動幅を記録した。また、秋田県の雄勝郡《おかち》東成瀬《ひがしなるせ》村で二・二三メートル、山形県の尾花沢《おばなざわ》市で二・六三メートルと、東北地方の内陸部も、太平洋側に引っ張られるかたちで大きく東方向へ動いた（＊1）。

海岸線の移動は水平方向だけではない。地盤沈下の程度も大きかった。石巻市の鮎川浜での一・一四メートルを筆頭に、岩手県大船渡《おおふなと》市で〇・七六メートル、福島県いわき市で〇・五五メートル、茨城県高萩《たかはぎ》市で〇・四九メートルと東日本の太平洋岸が大きく沈下したのである（＊1）。これは、太平洋プレートに引きずられた北米プレートが横に移動しながら、日本海溝に大きく沈み込んだことを示している。

一方でまた興味深いのは、日本海側で観測されたデータである。青森県の東津軽郡平内町で〇・〇六メートル、新潟県十日町市で〇・〇五メートル、垂直方向への上昇が記録された（＊1）。つまり、太平洋岸が大きく陥没した一方で、日本海側はわずかながら隆起したのである。いってみれば、東日本地方は震災で東方へ大きく傾いたのである。

＊1、＊2：＊1は平成二十三年十月二十八日に、＊2は同年三月十九日に発表されたデータである。

震災を機に急速に高まる「海岸線」への関心

大地を激しく震わせた東日本大震災は、地震につづく波高四〇メートルにも及ぶ大津波によって、まことに甚大な被害を広範囲にもたらした。八ヵ月後の十一月二十五日の警察庁発表資料では、死者一万五千八百四十名、行方不明者は三千六百十一名、合わせて二万人に近い。倒壊家屋数は全壊が一二万一六五六戸、半壊が一九万七五三六戸、住宅以外の建物被害が四万八〇一八戸。

これら被害の多くは、地震が引き起こした大津波によってもたらされた。

わたしは、二年半まえの平成二十一（二〇〇九）年五月、『海岸線の歴史』（ミシマ社）という本を上梓した。日本人は古来より「海やまのあひだ」に暮らしてきたが、近代以降とくに一九六〇年代の高度成長以後、その意識が急速に海岸線から遠ざかっていることへの根源的違和感と危惧のおもいをのべた本である。

日本は、世界でも有数の長い海岸線をもつ国である。日本の海岸線の総延長は、約三万五〇〇〇キロメートルに達し、世界で六番目の長さをもっている。国土面積にして日本の二十五倍近くもあるアメリカの海岸線の一・五倍、同じく二十六倍の国土面積をもつ中国の海岸線の二倍以上の長さをもつ。日本人の海岸線とのつき合い方と変化を捉えることは、われわれ日本人はこの島国のなかでどのように生きてきたのか、そうして日本という国のあり方を考え直すことにつながる。同著には、そういう思いを込めたのである。

大きく言って、この島国の「海やまのあひだ」に住まいはじめた日本人にとって、日本の海岸線には、歴史上三度の大きな変化が訪れた。

最初に大きな変化が起きたのは江戸時代である。長くつづいた戦乱の時代が終わり、国内

奇跡の一本松　撮影＝武井伸吾　courtesy of superstore Inc.

の平和と社会の安定が、人びとをして生活を豊かにすることに目を向けさせた。この時代、徳川幕府が米本位制をとったこともあり、各藩が新田開発を進めたのである。

海辺の平地は、近代にあっては、水田に適した地形となった。だが、稲は潮に弱い。そこで、海辺の湿地を干拓して水田にするとともに、稲を潮や砂から防ぐために、海岸に松原が整備されたのである。

その美しい松原の代表的な例が、今回の大震災で壊滅的な被害をうけた、岩手県の陸前高田の七万本にも及ぶ松原であった。周知のようにこの松原は、一本だけを残して、すべて津波にさらわれた。その「奇跡の一本松」も、平成二十三年末には塩害による枯化が確認されている。

それはともかく、江戸時代の浮世絵や、かつての小学唱歌には、白砂青松《はくしゃせいしょう》の美しい海辺の風景や、そこでの生活・文化を描いたり、うたったものが多くあった。その日本人の心象風景は、江戸時代につくられたものであった。

だが、幕末の開国——正しくは開国によって幕末がはじまったわけだが——をきっかけにして、海岸線の風景が大きく変わった。白砂青松の遠浅の湊《みなと》に代わって、喫水線《きっすいせん》の深い洋船(艦)が停泊するための水深の大きい港湾が開発されることになったのである。いまにつづく「海岸線の近代」の時代が訪れたわけである。そうして、一九六〇年代からの高度経済成長にともない、海岸に防波堤が築かれ、消波のためのテトラポットが埋められ、海岸線がコンクリートの人工構築物で覆い尽くされるようになった。これが、三度目の大きな変化である。

白砂青松の「松」は、海からの「潮」や「風」や「砂」を防ぎ、いわば海と人間圏との境界線を形づくっていたが、一方で、その先の海をイメージさせる象徴のような役割を果たしていた。つまり、かつての日本人は、陸にあって海を想う暮らしの風景のなかにいたのである。日本人の精神(エートス)に根づいた美意識において、海と陸との境界は、波が寄せては返す汀《みぎわ》のように、波打ち際からゆったりとつづく白い砂浜、青い松原、そして豊かさの象徴である水田へとつづく風景であった。

西洋近代の合理主義は、こうした自然と一体化した美意識というか、自然観とは、一線を画している。海岸線をコンクリートの人工構築物で敷き詰めたのは、海岸線という自然を近代文明の支配下に置き、海岸線の経済有用度を高める、という目的のためだった。だが、それによって、日本人の海辺に対する感覚が大きく変容したのではないか。人工構築物が陸と海とを隔て、陸と海との境界をコンクリートの壁として認識するようになったのである。

わたしの知るかぎり、「海岸線」という言葉じたい、西洋語の「コーストライン」にあてた翻訳語にほかならない。ウェスタン・インパクトによって、日本の海辺は、人工物の境界による明瞭な「海岸線」へと変わりはじめた、といえるのかもしれない。

東日本大震災をきっかけに、「海岸線」への関心が急速に高まっている。TVのニュース番組や新聞報道で、「海岸線」という言葉を目に耳にしない日はないといっていい。そして、その関心の主眼は、大津波で甚大な被害を受けた海岸線をいかに回復するか、そして、海岸線を大津波からいかに守るか、いや、大津波のような自然災害さえ想定しなければならないような海岸線とわたしたち日本人はこれからも付き合って生きていかねばならない、ということだろう。

大震災から十カ月ちかくを経た平成二十三年十二月末でも、新聞やテレビなどでは毎日「海岸線」の文字を目にする。一例だけをあげると、十二月三十一日付の『東京新聞』に宮城県山元町の漁港にふれた「新年　ゼロからの出発」と題した記事がある。

　宮城県最南端の港である磯浜漁港（山元町）には、港にあった四十隻の漁船が全滅し、隣町にいて難を逃れたたった一隻を二十人余りの漁師をが共有する。例年なら特産のホッキ貝の水揚げで活気づくが、今年はこの船で漁場を覆うがれき集めに精を出す。

　山元町沖の水深五〜一〇メートルの海底は上質のホッキ貝の漁場だった。（中略）町の南北十五キロの海岸線が津波にのまれた。隣の福島県新地町にあった一隻が内陸で見つかり、県漁協が修復して磯浜港に貸与した。（沢田千秋。傍点引用者）

この記事によれば——宮城県の最南端にある山元町の磯浜漁港では、港にあった四十隻の漁船が全滅した。ところが、その南の福島県新地町（相馬港のある相馬市の北）で、内陸に乗りあげた一隻が無事に見つかった。これを修復して、磯浜港の漁師全員で漁場のがれき集めに使っている、というのである。

宮城県の仙台平野の最南端にある山元町は、仙台平野の他の地域と同様、平地がつづき、海岸線に山や丘陵がない。その、「町の南北十五キロの海岸線」が大津波に襲われ、全域がのみこまれたわけである。「新年　ゼロからの出発」の記事には、山元町の八重垣神社では、その本殿も拝殿も津波で流出した、と記されている。

このように、今回の大津波によって東日本の太平洋岸の「海岸線」は大きな被害をこうむり、十カ月後の現在でも復興というにはほど遠い状態にある。

わたし自身、海岸線を主題においた本を書き著していながら、東日本大震災が起きるまでは、地震と津波によって海岸線がこれほど大きく変容することを想像していなかった。驚きを禁じえないというのが正直な述懐であるとともに、このたびの大震災をまえに、改めて海岸線について考えねばならないとおもい、また大震災の前と後で日本の海岸線はどう変わり、その変化は何を意味するのか考えてみなければならない、とおもったのである。

海岸線の回復と今後の防災・減災を考えるにあたっても、日本人の海岸線との関わりに対する歴史的・文明的な視座を欠かすことはできない。それらをふまえつつ、東日本大震災が海岸線にもたらした大きな変化を見ていかねばならない。

近代化＝西洋化するアジアの海岸線

じつをいえば、『海岸線の歴史』の続編は、別のかたちで準備が進められていた。同じようなウェスタン・インパクトをほぼ同時期にうけた東アジア諸国の海岸線の歴史を、日本との比較において捉えてみよう、と考えていたのである。近代において日本の海岸線に起きたのと同じような変化が、アジアの海岸線に起きているのではないか、と。

その問題意識は、前著を書き進めているあいだも、つねにわたしの頭のなかにあった。というよりもむしろ、わたしの関心はもとより世界全域の海岸線の変化と、その比較にあった。だが、世界を広く扱おうとするあまり、本を書き上げるめどが一向にたたず、ひとまずの区切りを付ける意味で、主眼を日本の海岸線において前著を世に問うたのである。

前著に対しては、多岐（多分野）多様な書評を頂戴した。なかでも、モンゴルを中心に東アジアの歴史――いやモンゴルの世界史といったほうがいいだろうか――を研究されている京都大学の杉山正明教授からは、今後は「韓半島・中国編、さらに世界編も期待される」との言葉をいただいた。わたしの関心、問題意識もまさにそこにあった。日本と同じく近代化

＝西洋化の波が押し寄せた東アジア諸国の海岸線を、日本との対比で書き著すことが、次なる本のテーマであった。そのため、北はロシアのウラジオストックから、韓国の仁川《インチョン》・木浦《モッポ》をへて、中国の天津・杭州・マカオなどにも足をのばしたり、史料あつめを進めてもいた。

中国と朝鮮半島は、日本と同じく、百五、六十年ほどまえに西洋列強に開国を迫られた歴史経験をもっている。日本で、横浜・神戸・函館・長崎・新潟の五港が開かれたのと同じころに、中国では清朝末期に香港《ホンコン》・上海《シャンハイ》・天津《テンシン》・寧波《ニンポー》の港がさまざまな事情と事件によって開港され、朝鮮半島ではまず仁川と釜山《プサン》の港が「近代」的に開かれた。

これらの港のほとんどは、東アジアの長い歴史において船舶の停泊所として使われてきたことはあまりなかった。ではなぜ、それぞれの国の「開国」時にこれらの地が港として選ばれたのか。不思議なことに、歴史書には、開港地の名前は記されていても、その港が外国によって（!!）選ばれた理由は書かれていない。

「開国」以前の東アジア地域の舟は、喫水が浅く、海上を横に滑るように動く帆掛け舟形式であり、その停泊には水深の浅い、いわば「湊」が適していた。一方、西洋列強が操って、インド洋や東シナ海をわたり、波濤《はとう》を横切ってアジアまで来る洋船は、喫水が深く、その「港」には水深一〇メートル以上の深さが必要とされた。

幕末に日本が洋式軍艦をつくるために建設した横須賀は、フランスの軍港ツーロンを手本にしているが、平均水深は一三メートルである。横須賀の地形もそうだが、これらの「港」では、山がそのまま海に落ちていくような、急峻な坂の地形が求められるようになったのである。なお、ここでわたしは、旧来の東アジアの舟が停泊する「湊」と、洋船が停泊するような「港」を意図的に使い分けている。

東アジアで近代に開かれたいずれの港も、背後に急峻な山を備えている。釜山は、水深の浅い「湊」ももち、古くから海上交易の拠点として栄えていたが、朝鮮海峡に面した南岸では急峻な地形も備え、洋式船艦が停泊する近代の「港」としても適していた。坂から一〇〇メートルぐらいストンと落ちていく釜山や仁川の光景は、函館や神戸を想起させる。

どの港も、かつては静かな寒村であったという点も共通している。横浜は人口八百人、香港は島の人口二千人、対岸の九龍《クーロン》半島をあわせても八千人しかいなかった。それがいまや、横浜は三百五十万人、香港は八百万人と、巨大都市になった。寒村だった仁川は、日清・日露・朝鮮戦争において日本軍やアメリカ軍の上陸に使われ、いまや人口二百六十万人を超えている。しかしここも、開港前は八百人ほどが住む小さな小さな漁港であった。ウェスタン・インパクトは、東アジアの海岸線のありようを劇的に変貌させたのである。

目をすこしく広く向けると、アジア各地に同様の歴史経験をもつ「港」があることに気づく。二百年ほどまえ、大英帝国の海峡植民地に組み入れられたシンガポールは、当時、数百人の漁民が暮らす寒村であった。その後は交易都市として栄え、開港から数年後の一八一〇年に、人口が一万人を突破し、二百年後の現在は三百万人を超える巨大都市国家となっている。ベトナムのサイゴンやトンキンも、同様の劇的な変化の歴史を有している。

ウラジオストックの近代

ロシアの軍港都市ウラジオストックも、その開港は一八六〇年で、横浜の一年後である。海軍基地として開かれたのだが、広い意味では、ここもウェスタン・インパクトによって東アジアに出現した港であると言える。なぜなら、ここはロシア・太平洋艦隊の母港であり、近代＝西洋化した日本の大陸進出を見すえた発展・拡張をしたからである。

ロシアにとって、冬でも凍らない不凍港をもつことは、十八世紀のピョートル大帝以来、長年の悲願であった。とくに、西洋列強のアジア進出にともない、東アジアの政局が大きく動きはじめた十九世紀半ば以降においては、太平洋につながる不凍港をもつことがロシアの最重要の戦略課題の一つであったといっていい。

ウラジオストックは、その名が「東方を制覇せよ」を意味することが示すように、ロシア帝国が太平洋から東アジアを制圧することを目指して築かれた軍港であった。この地が発見されたのは、十八世紀前半のピョートル一世の時代であるが、この厳寒未開の地に多くの人が住みはじめたのは、ウラジオストックに軍港が建設されて以後のことであった。黒澤明監督の映画『デルス・ウザーラ』は、十九世紀後半から二十世紀初頭にかけてのシベリアから極東地方が舞台である。映画には、アムールトラやホワイトタイガーが登場し、当時のこの地が広大で未開の自然を残していたことがうかがえる。軍港が繁栄するようになったのは、日露戦争の直前に至ってである。極東における日本帝国の台頭が、ロシア帝国に日本海に面したこの地に巨大な軍事要塞を築かしめたということもできるだろう。

ウラジオストックが軍港として選ばれたのは、それに適した地形を備えていたからにほかならない。「金角湾（golden horn bay）」の名で呼ばれる、牛の角状の細長い形状の湾が、大艦隊を収容し、外洋からの敵を迎え撃つのに適していたのである。牛角の根元の両端の岬に砲台を設置すれば（実際そうなっている）、敵艦の軍港都市への侵入を防ぐことができる。しかも、冬に半分しか凍らない天然の堅牢《けんろう》な軍港をロシアは発見したのである。

この「金角湾」という名称は、ヨーロッパとアジアの境界にあるコンスタンティノープル（現・イスタンブール）の「金角湾」の形状と同じであることから名づけられた。ギリシアとトルコが、その地の覇権をめぐって歴史上何度も戦争を繰り広げてきた天然の軍港である。

ロシアは極東に進出しはじめたのと同じ十九世紀半ば、トルコ領内のエルサレムの管理権をめぐって、トルコと開戦した。ロシアの地中海に出る不凍港の軍港セバストポリが戦場になったのが、このクリミア戦争（一八五三～五六年）である。ロシアは同時期に、その帝国の東西の両端で、不凍港の確保に躍起になっていたわけである。そして、ロシアが東方にかけるおもいの強さは、「金角湾」という地中海の歴史的な要害の名を、新設した軍港の湾にそのまま採用したことにはっきりと表れていた。

なお、コンスタンティノープルとウラジオストックの「金角湾」にやや似た地形が日本にもある。それが、東日本大震災で被災した岩手県の宮古湾である。ここでは、百四十年あまりまえの戊辰《ぼしん》戦争において海戦がおこなわれ、薩摩の春日丸艦長・東郷平八郎（のち日露戦争における連合艦隊司令長官）と、旧幕府の新撰組の副長だった箱館政府軍の土方歳三《ひじかたとしぞう》が、海上で相見《あいまみ》えたのだった。

東日本復興の基本構想

東アジア各地の海岸線を訪ね、続編の執筆準備をしているときに、東日本大震災で海岸線が大きく動いた。そうして、岩手・宮城・福島を中心として、青森から千葉にまで及んだ大津波は、東日本の太平洋岸の海岸線に壊滅的被害を与えた。これは、日本の海岸線に起きた大きな変化であるとともに、人間が自然を支配・制圧する西洋近代の文明観にも変更を要求する大事件であった。

その変化の意味するところと、日本という国がこれから、とくに東日本の復興という目的のために、いま改めて海岸線とどう向き合うべきか、東アジア編に先んじて、急ぎ本書で問うてみることにした。

そうおもったきっかけの一つは、東日本大震災とそれにつづく福島第一原発の事故当時、わたしは内閣官房参与に就いていたのだが、総理官邸の内部ではだれも復興ビジョンの全体像を描いておらず、また被災地それぞれの地域特性に応じた復興プランを提出していなかったことである。そこでわたしは、三月二十三日、菅直人首相に『復興ビジョン（案）』を提出した。その経緯と内容は、おおよそ『天国はいらない ふるさとがほしい』（人間と歴史社、二〇一一年十二月刊）という講演集に紹介してあるので、ここでは繰り返さない。

ただ、その『復興ビジョン（案）』の要点だけをのべておけば、次のようになる。——津波に襲われた岩手のリアス式海岸の土地では原則的に高台移転を、しかし仙台平野のように高台がない平地ではできるだけ内陸に移転して、防波堤と防災のための松林の造成を、そうして福島原発の周辺の土地からは移住を、提案する。それらの土地はいずれも地権の買い上げによって、一時国有化を図る、と。

わたしはこの『復興ビジョン（案）』を菅首相に説明したとき、復興ビジョンの全体的イメージは「天国はいらない、ふるさとがほしい」（エセーニン）というパトリオティズム（郷土愛＝祖国愛）です、と説明を加えたのだった。

こういったわたしの提案に対して、菅さんは「あなたはまだ大震災の現場に行っていないのに、なぜそれほど現地に詳しいのか？」と質問した。そこでわたしは、「なぜわたしが東日本の津波に襲われた海岸や、福島原発の周辺に詳しいのか、ですって？　それは、わたしが一年半ほどまえに『海岸線の歴史』という本を著しているからです」と答えた。

その結果、菅首相の机の右上に、数日間わたしの『海岸線の歴史』が飾られることになったのである。どこまで読んだかはきいてみなかったけれど……。

福島第一原子力発電所の爆発事故より二年近くまえに著された『海岸線の歴史』の二二七ページには「原子力発電所」と海岸線の関係が、次のようにふれられている。

近代にあっては、海岸線が防衛の拠点になり、貿易用の港湾になり、あるいは現代の産業の場所になった。そうして、ところによっては、原子力発電所がその海岸を占有することになった。

原子力発電所のばあいは、放射能の漏出を恐れて、その周辺に人を住まわせていない。その結果、原発用地の海浜には観光用の道路を造ったり観光客が来たりもしないので、原発用地周辺には昔どおりの自然が残される、という逆説も生まれるわけだ。

わたしは右の引用の末尾部分で、「原発用地周辺には昔どおりの自然が残される、という逆説」についてふれている。この逆説は、福島第二原発や宮城県の女川《おながわ》原発、あるいは青森県の東通《ひがしどおり》原発などについてはそのとおりだが、福島第一原発については必ずしもそうでなかったことが、「放射能の漏出」事故の原因を究明する過程で明らかになったのである。

福島第一原発のばあいは、第二原発とちがい、太平洋岸に三〇メートルの高さをもつ山の

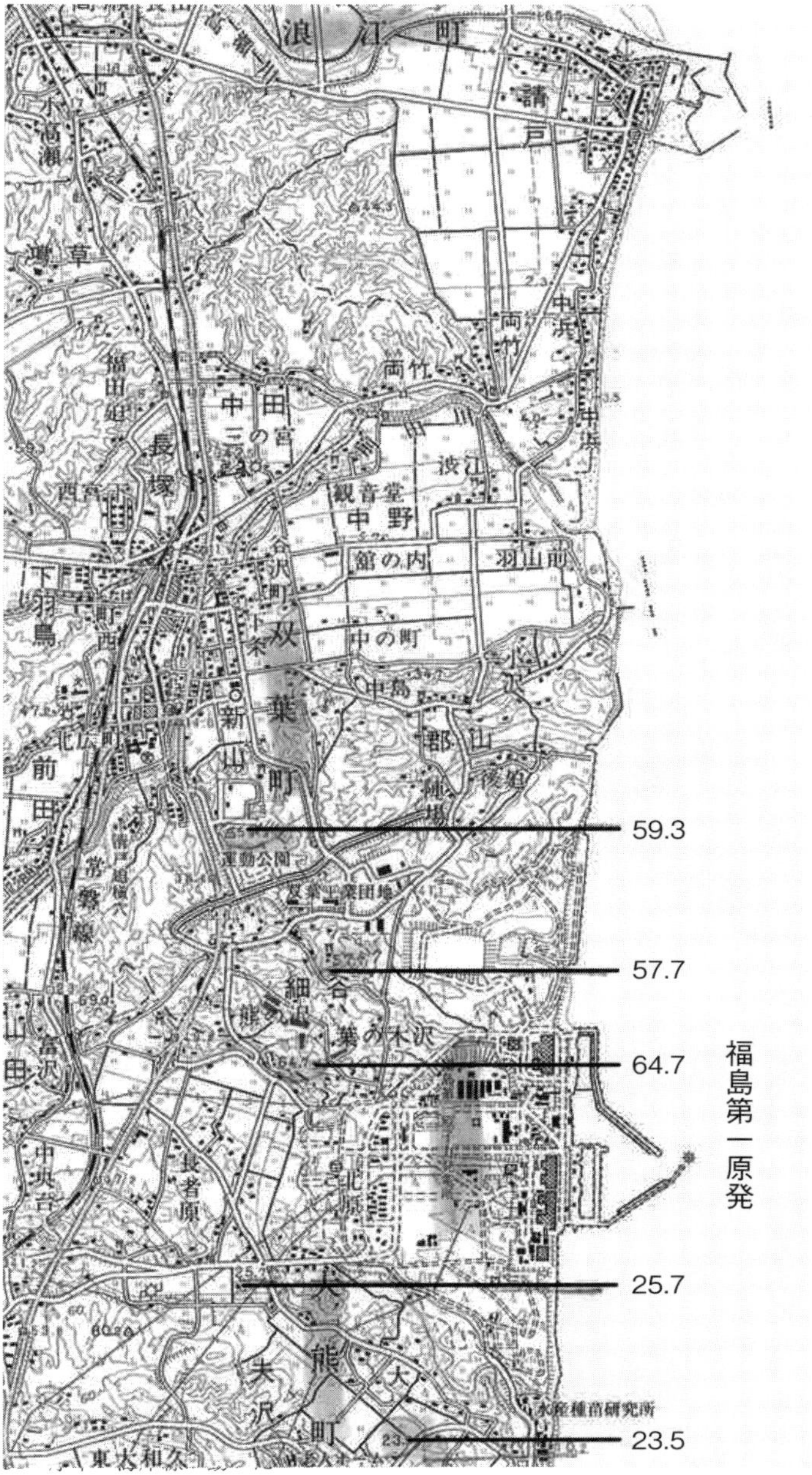

福島第一原子力発電所とその周辺　出所:国土地理院発行５万分の１地形図（磐城富岡）

二五メートル分を削《けず》って、平地にした場所に、原発建屋を建設したのである。現在の五万分の一の地図をみると（前頁）、第一原発の内陸側に、五九・三メートル、五七・七メートル、六四・七メートル、二五・七メートルの丘陵がつづいているのがわかる。

それらを削ってつくられた海面から五メートルの高さしかない原発の建屋は、五・七メートルの津波を想定して設計されており、今回の津波から原発を守れなかった。福島第一原発を襲った津波は、一四メートル超の波高をもっていたのである。

そういった福島第一原発の問題点は、のちに詳しく言及するとして、原子力発電所は「放射能の漏出を恐れて」、周辺に人が住んでいない海辺——ということは、ごく周辺には漁港も田畑も人家もない、福島の断崖がつづくような海岸線。いわば「灘《なだ》」のような場所——に建設された、ということであろう。原発は「海やまのあひだ」というより、海に面した山（断崖）の上に建てられている、というわけだ（福島第一原発のばあいは、その山を削って建てられたのである）。

「海やまのあひだ」に住まいしてきた日本人にとって、海は生活や文化（民族の生きるかたち）の場の一部である。日本人のふるさとの光景に海辺がふくまれているといってもいい。それゆえ、東日本大震災からの海岸線の復興は、総体として「ふるさとの再生」を目指すイメージになるのである。復興という名目のもと、「漁業特区」（後述）のような資本の論理を優先し、人びとの暮らしを破壊するような愚は、何としても避けねばならない。

だが、復興のイメージを「ふるさとの再生」と言いあらわしても、地域ごとに地形も違えば、ふるさとの暮らしのあり方も、震災による被害の規模や形態も異なる。復興は、それぞれの地域に合うかたちで進めていかなければならないのである。

大きくいって、震災で被害を受けた海岸線はそれゆえ、次の四つの類型に分けて、その復興を考えることができるだろう。

一、宮城県の海岸線：仙台平野につらなる、なだらかな直線がつづく砂浜
二、岩手県の海岸線：入り組んだ岩場が、狭い入江を形成する、リアス式海岸線
三、福島県の海岸線：茨城県の北部からつづき、海の近くまで山や断崖が迫っている
四、東京湾の海岸線：液状化の被害が発生した人工的な埋立地

宮城県の仙台平野は、文字どおり平らな地形だ。豊かな水田がつづき、人びとの暮らしは主に米づくり、そうして近年はハウス栽培の野菜やイチゴづくりとともにあり、貞山堀《ていざんぼり》の先

の海岸線には白砂青松の風景がつづいている。だが、その平らな土地は、波高二〇メートルを超える津波に対してあまりにも無力で、津波にまるごと飲み込まれる結果となった。その平野をいかにして復興し、津波の威力を殺《そ》ぐ対策を立てていくか。第一章では、その仙台平野の海岸線の歴史と津波被害の現状を踏まえ、その復興の目指すべき方向性を考えてみたい。

岩手県のリアス式海岸には、入江ごとに別個多様な歴史と暮らしが広がっている。比較的広い平野部をもち、仙台平野のように水田と防潮林の松原が広がっていた地域もあれば、狭い谷で細々と漁業を営んでいる地域もたくさんある。前者の代表が陸前高田、後者を代表するのが宮古市重茂《おもえ》地区の姉吉《あねよし》である。陸前高田が津波で壊滅的な打撃を受けた一方で、観測史上最大の遡上高を記録した大津波に襲われた姉吉は、人的な被害をほとんどまったく出さなかった。姉吉は、明治二十九（一八九六）年と昭和八（一九三三）年に三陸海岸を襲った大津波の教訓から、集落全体を高台に移転していたためである。

岩手県のリアス式海岸に暮らす人びとが、明治と昭和の三陸大津波を受けてとった防災対策も、地域ごとに大きく異なっていた。のみならず、今回の震災による明暗も大きく分かれた。「明」の代表が、高台移転をしていて被害を免れた姉吉と、高さ一五・五メートルの防潮堤と水門で津波の浸入を防いだ普代村である。一方、宮古市の田老《たろう》地区（旧・田老町）は、高さ一〇・五メートル、総延長二キロメートルを超える「万里の長城」と呼ばれた防波堤と防潮堤を二重に築きながら、津波のまえに破損し大きな被害を出した。また、釜石の港は、ギネスブックに「世界最深」と認められた水深六三メートル、高さ一〇・五メートルの防波堤が、津波によって脆《もろ》くも破壊されたのである。

第二章では、岩手県の海岸線の津波への対策と復興の方法を考えるにあたり、こうした多様な現状をつぶさに見ていきたい。

また、福島県の断崖絶壁を多くもつ海岸線には、田畑を耕すための平地も、港をつくるための入江も乏しい。つまり、福島の海岸線の多くは、農業にも漁業にも適さない自然条件の厳しい地形である。漁港といえば、北部に相馬《そうま》港、南部に小名浜《おなはま》の二つをもつにすぎない。それに、中部に小さな久之浜《ひさのはま》があるだけだ。漁業県の岩手や宮城とは比較にならない。

福島の海岸線では、人家も乏しく、そこに暮らす人びとも貧しさに喘《あえ》いでいた。その人家の少なさと、地域の貧しさに東京電力が目を着け、地域振興の名のもとに原子力発電所の建設を推し進めたのである。原発を推進したのは、福島県の伊達《だて》市――相馬市の内陸部で、福島市とのあいだに位置する――の出身で当時東電社長を務めていた木川田一隆《きがわだかずたか》であった。

福島県の海岸線の再興を考えるにあたっては、原発問題を無視することはできない。原発の立地条件や、建設が決まった歴史的経緯を追うことで、復興を考える糸口としたい。この問題を第三章で扱う。

そして、大規模な地震による地殻の変動がもたらしたものは、三陸沖の岩手から五〇〇キロ先の茨城沖までの震源地に近い地域の地盤の沈下や、震源地と接する海をもった地域を襲った津波だけではない。震源地から遠く離れた東京湾沿岸においても、水を含む砂状の土地が液状化現象の被害に遭ったのである。その被害がとくに大きかったのは東京湾沿岸の工業地帯の市原市や、住宅地域の浦安市と市川市である。液状化による地盤の「側方流動」(後述)は、市原市で石油やガスのタンクを破壊し、大規模な火災を誘発したのである。震災被害という観点からは捨象《しゃしょう》されがちな東京近郊の海岸線のあり方についても、第四章で考えてみたい。あわせて、茨城県や千葉県の太平洋沿岸についても第四章でふれる。

もちろん、以上は東日本の地形の類型化にともなう、便宜的な分類にもとづいている。宮城県は仙台より北、七ヶ浜や松島、石巻からリアス式海岸がはじまっており、福島県の北部の相馬市や、南相馬市周辺の地形は、仙台平野にやや近い形状である。そうした幅の広さを踏まえ、それぞれの県や地域ごとに、海岸線の歴史と震災後の現状、そしてこれからの復興のあり方を見ていくことにしたい。

そのうえで、終章で改めて、現代日本における海岸線の意味や、「ふるさとの再生」について、総体として考えてみる。

白砂青松の防災・減災効果

かつて日本人の懐かしい心象風景となっていた白砂青松の松原は、すでにふれたとおり、水田を守るための防風林・防潮林・防砂林として日本全国の海辺に整備された。その防潮林の高潮や津波に対する防災機能についての研究成果を、地域ごとの各論に移るまえに、ここで紹介しておきたい。

『海岸線の歴史』を著してから五ヵ月後（二〇〇九年十月）、東北大学大学院工学研究科災害制御研究センター教授・今村文彦氏の研究発表にふれる機会があった。題目は、「巨大災害の実態と対応」である。

今村氏によれば、防潮林は次のようないくつかの機能を有している、という。

・漂流物を海岸で押し止め、人や家屋への被害を防ぐ機能

・津波に対する抵抗となり、津波の勢いを弱めるとともに浸水域を減らす機能
・海砂の内陸への流入を防ぎ、砂丘を形成して自然堤防を築く機能
・津波に流された人がつかまるための機能

むろん、防潮林というのは万能ではない。とくに、津波が戻る流れで砂浜が洗掘《せんくつ》され、松林が沖へ流されてしまい、海上に漂流する可能性があることも、今村氏はあわせて指摘していた。実際、東日本大震災においても、岩手県陸前高田の象徴であった七万本の松原は、ただ一本を残して、ことごとく海へと流された。

だが、仙台平野の海岸線に並ぶ閖上《ゆりあげ》をはじめとする松原は、津波の猛威に耐え、いまもその姿をほぼ残している。この違いは、震源地から押し寄せてくる津波の方角も関係していよう。じっさい、江戸時代につくられた陸前高田の松原は明治・昭和の大津波には耐えたのである。

ただ、閖上のばあいは、松原の海側にそれほど高くはないが三メートル高の防潮堤があり、ここで一度、津波の勢いが弱められていたとおもわれる。これに対して、陸前高田の松原は直接、広田湾に面しており、その松原の内陸側に海潮をせき止める低い防潮堤があった。そ

のため、津波の直接の圧力を受けた松原は、一本を残して七万本が流されたのである。

また、コンクリートの塊である防波堤であっても、今回の自然の大津波の猛威のまえには無力であったものが多い。二〇メートル高の大津波が田老町の「万里の長城」にもたらした無残な光景は、自然災害は人工構築物をかんたんに超えるような巨大な自然の論理で起こるものであり、これを人工構築物で防ぎきれるものではないという事実を物語っている。

なお、今村氏は、大津波の一年まえ、すでに東北地方で大規模な地震が起きる可能性を指摘していた。それは、一つに、二〇〇四（平成十六）年十二月に起きたマグニチュード九・一のスマトラ島沖地震にふれて、一九九二年以来、西太平洋に大規模な地震と津波が多発しはじめていること。そうしてまた、かつて平安時代に東北地方で巨大な貞観大地震が起きていた事実を、もう一つの根拠として挙げていた。日本政府や国民が東日本大震災の一年まえに大地震・大津波への備えができていたなら、今回の被害を小さくすることができたのではないかという思いを禁じえないのである。

文明の論理と自然の原理

人類の文明は、数万年の時間をかけて自然が作り上げてきた地形を、わずか千年、二千年のあいだに、いや日本ではこの二百年のあいだに、大きく変えたのだった。

それは、西洋近代文明が、人間は自然を支配し、制圧することができる、という思想にもとづいてつくりあげられてきたからだ。

日本に限定して言えば、幕末以来の西洋近代文明の流入により、ここ百五十年ほどのあいだに海岸線の地形が劇的な変容をはじめたのである。とくに東京や横浜や福岡や仙台といった大都市にあっては、五十年ほどまえからはじまった高度経済成長によって、かつての海岸線の姿形がわからなくなるほどに大きな変貌をみせた。

文明すなわち civilization とは、都市（civil＝city）が生まれ、それが周辺に拡大していくことを意味する。人が住み、まちをつくり、田畑を耕し、近代的な工場をつくるために、人間は、その歴史を通じて、自然を支配しようとして手を加えつづけてきた。とどのつまり、人間は近代文明の論理に従って、海岸線のかたちを変容させつづけてきたのである。

だが、今回の自然の原理がもたらした大地震と大津波によって、近代文明を象徴するよう

田老町の「万里の長城」。X字型の二重の防潮堤が築かれていた。
出所：国土地理院発行５万分の１地形図（田老）

な田老町の「万里の長城」のような防潮堤に守られた海岸線の姿は大きく変わった。いや、近代文明が手を加えるまえの状態に海岸線が戻った、というほうが真実に近いのかもしれない。それはすなわち、自然を征服し、制御しようとしてきた西洋近代の合理主義の限界が露呈した姿といえるのだろう。

この人類の近代文明の最先端を象徴する科学技術が、原子力発電所である。とすれば、人類の進歩の象徴である原子力が、大震災以降、人類の生命と生活を脅《おびや》かしているといえる。自然を制御することのできない人間が、恐るべきエネルギーを放射しつづけ、将来にわたって制御することができないかもしれない原子力を害なく運用していくことができるのかどうか。大震災を契機とする一連の原発事故は、科学技術への信頼を揺るがせただけでなく、それを扱う人間の文明観それじたいをも白日《はくじつ》のもとにさらすことになった。

いま、東日本大震災の後の海岸線を再考していくにあたり、ここ百五十年の近代化の流れを引き継いだまま、近代西洋文明の論理を海岸線にあてはめつづけることが賢明な選択であるのかどうか。自然を征服・支配しようとするデカルト以来の西洋近代の合理主義が自然の原理の猛威に屈したいま、自然と対立せず、むしろ自然と共生する文明のあり方を模索していかねばならないのではないか。それは、とくにアジアで、そうして古来より「海やまのあひだ」に住まう日本人が、本来大切にしてきた自然への接しかたを取り戻すことでもある。

海岸線の意味を大震災の後でどう考え直すかは、近代以後の文明観を新しく構築する思想的営為であると同時に、わたしたちがこのあと近代以後の新たな文明を築けるのかどうかを問うことでもあるのだ。

第一章

宮城編——平地がつづく

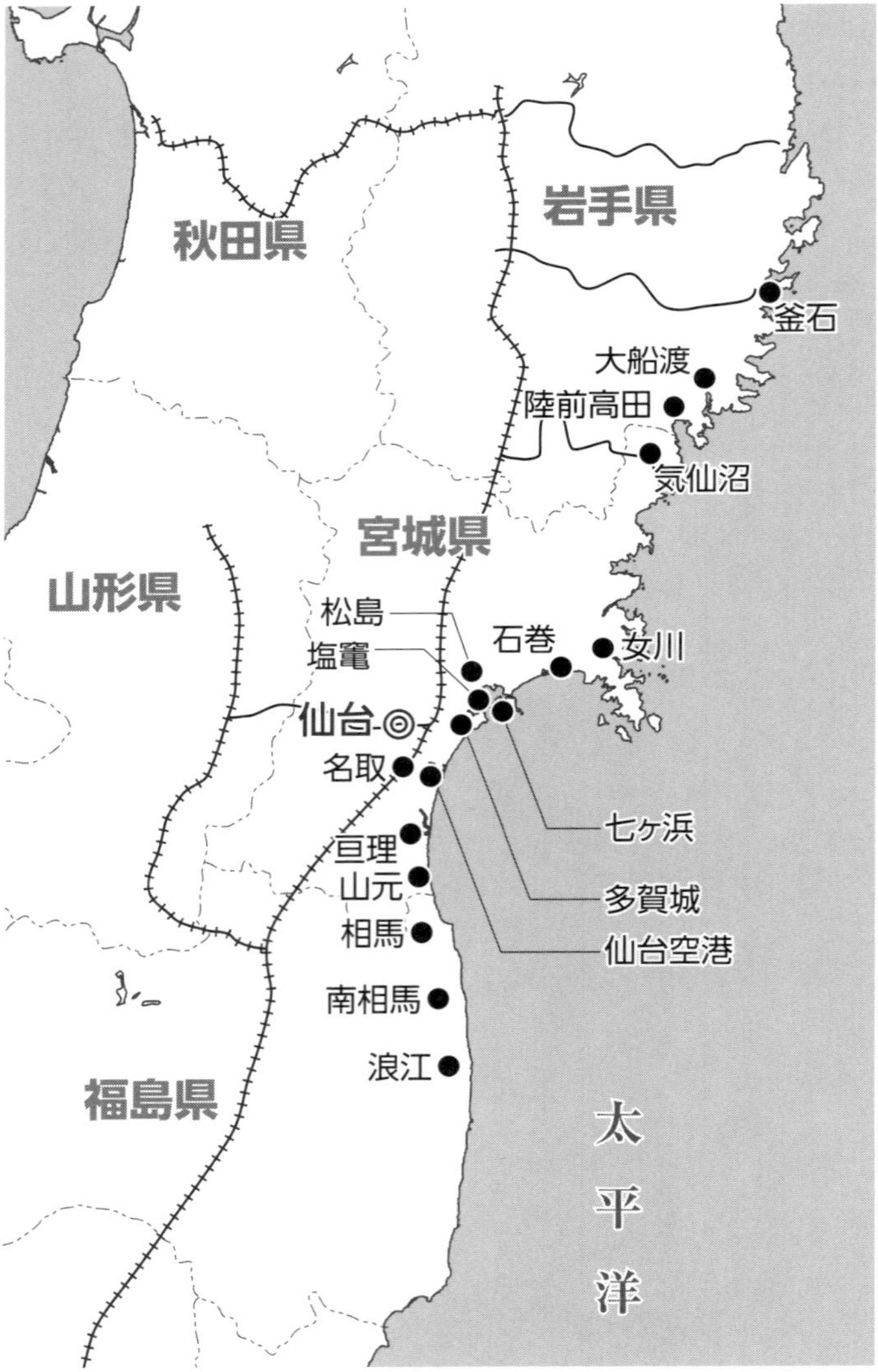
岩手県
秋田県
釜石
大船渡
陸前高田
気仙沼
宮城県
山形県
松島
塩竈
石巻
女川
仙台
名取
七ヶ浜
亘理
山元
多賀城
相馬
仙台空港
南相馬
浪江
福島県
太平洋

仙台平野

伊達政宗がつくり上げた仙台平野と貞山堀

仙台平野はかつて一面に葦《あし》が生い茂る湿地帯であった。現在の仙台平野は海岸線から内陸に四、五キロメートルにわたって水田や畑が広がっているが、そこはかつて潮の水が入り込む浅い海の一部であった。別の言い方をすると、仙台平野が太平洋に面した「海岸線」は、江戸時代から四百年にわたる干拓の歴史で、東に数キロメートル平地を張り出したのである。仙台平野の「海岸線」を東へ数キロ動かして平地を広げたのは、自然の力ではない。人間の手によるものである。安土桃山から江戸初期の武将、伊達政宗の指示による一大事業であった。

改めていうまでもなく、江戸時代の藩国経営の基本は米づくりである。徳川幕府が長期にわたる安定した政権を築き上げたことで、幕藩体制のもと、各藩が内政を充実させることに腰を据えて取り組むようになったことが大きい。内陸まで山がなく広大につづく仙台の平地は、米をつくるための格好の土地だった。類《たぐい》まれなる統治能力を備えた仙台藩草創期の藩主・伊達政宗は、この平らな湿地を干拓し、新田を開発する事業に積極的に取り組んだ。結果として、仙台藩は表高《おもてだか》六十二万石に対して、実質的な石高は百万石を超えるまでになった。

こうして東へと広がった陸地が、このたびの東日本大震災による大津波で壊滅的な被害を受けた。震災から五カ月が経過した二〇一一年の八月、仙台平野にはまだ辺り一面、海の潮が残っていた。その一角にある仙台空港こそ全面復旧のめどがつきはじめていたが、その周辺の家や車、そして田畑やビニールハウスはすべて流され、ほとんどが葦原《あしはら》に戻っていた。その、ところどころには小型の漁船がちらばっていた。その光景はさながら、海の水が「ここはもともと自分たちの場所だった」と主張しているかのようだった。

マグニチュード九・〇の巨大地震と大津波が仙台平野に残した傷痕を見ていくまえに、仙台平野で伊達政宗がなした事業について、もうすこし詳しくふれておかねばならない。『海岸線の歴史』でも取り上げたが、政宗は、仙台平野の海岸線沿いに貞山堀と呼ばれる運河を開削《かいさく》した。仙台市の北を流れる七北田《ななきた》川から名取川を横切り、阿武隈《あぶくま》川までをほぼ一直線に結ぶ水路である。これは、江戸に米を運ぶための水路として開削された。

仙台平野の海岸線は、平らな浅瀬の海辺がつづき、大型の船が停泊して米の荷揚げをするには適していない。そのため、海岸線とほぼ平行に直線の運河をつくり、内陸から東の太平洋へと流れる川とつないで、平野と海岸線を行き来できるようにした。仙台平野でとれた米は、この貞山堀で小型の舟に荷揚げされ、阿武隈川から大型の船で外海に出て江戸に送られたのである。その米が、仙台藩の財政を大いに潤《うるお》したわけだ。

奇跡的にというべきか、貞山堀は今回の大地震と大津波の被害をほとんど受けなかった。貞山堀にかかる橋や、その護岸につくった石の階段のような護岸は一部崩れたところがあったものの、運河じたいは往時の姿をそのままに残していた。津波は、地面と同じように堀の上を越えていったのであろう。貞山堀のなかには、津波にさらわれるような人工構築物はないのである。

ただ、名取川は奥羽山脈から太平洋に対して直角に流れ込んでいる。そのため、平地はもちろん、川を伝って津波が四、五キロメートル内陸まで遡《さかのぼ》り、その流域も大きな被害を受けた。仙台空港に駐車していた飛行機や自家用車が大きな被害をうけたのは、この名取川とその南の五間堀《ごまほり》川のあいだの平地を襲った津波によってである。海岸線と平行する人工の運河が被害を免れたのとは対照的に、太平洋に直角に注ぎこむ自然河川とその流域は甚大な被害をうけたのである。

伊達氏がつないだ亘理《わたり》町と北海道伊達市の縁

貞山堀の南端の先、阿武隈川の南には、伊達氏と関係の深い亘理《わたり》町（宮城県）の平地が広がっている。伊達政宗の従弟《いとこ》で重臣の伊達成実《しげさね》が初代当主を務めた、亘理伊達家が治めた地である。

仙台藩は、戊辰戦争で幕府を佐《たす》けて賊軍となり、その戦後に石高を大いに減らされることになった。仙台藩の重臣のなかには、家臣と領民を救済するため、私費を投じて家臣と領民とともに北海道へ渡った人びとがいた。亘理伊達家十四代当主、伊達邦成《くにしげ》がその一人である。邦成の一団が明治三（一八七〇）年に移住し開拓した土地が、いまの北海道南部、内浦湾に面した伊達市である。

東北地方の太平洋沿岸は、明治二十九（一八九六）年の明治三陸地震、昭和八（一九三三）年の昭和三陸地震でも津波の大きな被害をうけている。亘理町にも数メートルの津波が押し寄せた。昭和三陸地震の後、亘理町で津波の被害を受けた人たちが、郷土の先祖が開拓した土地を頼って北海道伊達市へと移住している。

仙台平野では、政宗の干拓事業以来、四百年にわたって米づくりが盛んである。このため、仙台平野で暮らした人びとは米づくりに長じており、北海道に渡った人びと――伊達市のみならず、明治二十二（一八八九）年の水害によって建設された新十津川町や、豪雪の芦別市《あしべつ》新城町《しんじょう》など――の多くも米づくりで生計を立てている。なお、今回の東北大震災では、亘理町で被害を受けたイチゴ栽培農家を、北海道伊達市の人びとが快く受け入れ、これによってイチゴ栽培のノウハウを学ぼうともしている。

亘理伊達氏の話が出たついでに言っておくと、伊達氏発祥の地は福島県の伊達市である。福島市の北東にある伊達市は、平成の市町村大合併で伊達郡の五つの町が合併してできた新しい市だが、伊達氏は、この伊達郡一帯を長きにわたって治めてきた。平安時代末期の文治五（一一八九）年、初代朝宗《ともむね》が源頼朝よりこの地の地頭《じとう》に任じられた。それ以来、政宗の祖父、十五代晴宗《はるむね》が、天文十七（一五四八）年に本拠を米沢（山形県）に移すまでの三百六十年もの長きに及ぶ統治である。

伊達氏はその後、政宗の代に豊臣秀吉から減封と領地替えを命じられたが、関ヶ原合戦での戦功を徳川家康に認められ、石高の加増がおこなわれた。政宗はこのあと、慶長六（一六〇一）年に仙台城を築き、江戸時代を通じて仙台藩六十二万石を経営する本拠にしたのである。

五カ月経っても水が引かない仙台空港周辺

仙台空港は、海岸線から四〇〇〜五〇〇メートルのところに穿《うが》たれた貞山堀に接してほぼ東西につくられている。太平洋沿岸の海岸線には、三メートル程度の盛り土と松原があるだけで、津波はこれを容易に乗り越えてきたわけである。

大津波は、猛烈な勢いで空港を襲った。空港の駐車場にあった車はすべて流され、使用不能になった。空港を襲った津波の海水も、二週間ほどはまったく引く気配を見せなかった。離発着する飛行機の荷重に耐えられるように、空港の敷地内では厚く土が盛られ、コンクリートで地盤を固められているにもかかわらず、もともと低地であるうえに、数十センチの地盤沈下があったからである。このことは、空港の土地がかつて海中にあった事実をはっきりと示していた。

震災後、アメリカ軍から救助活動のために仙台空港を使わせてほしい、という申し出があったときも、空港はまだ水浸しで瓦礫や自動車が散乱している状態だった。そのため、日本政府はアメリカ軍の申し出を一度は断らざるをえなかった。これに対してアメリカ軍は、空港の整備・清掃は自分たちでおこなうという提案で応じてくれた。その結果、アメリカ軍が滑走路を清掃し、排水してくれたおかげで、空港機能は急速に回復するに至ったのである。

しかし、わたしが仙台を訪れた八月初め、空港は確かにその機能をだいぶ回復してはいたが、空港周辺には人家も近郊農業のビニールハウスもなく、ビニールハウスの骨組となるアルミ柱が折れ曲がって、ぴかぴか光って飛び散っており、津波の被害の痕跡がありありと残っていた。空港の裏側には、廃車がたくさん集められていた。

その被害の一つが、仙台空港までの交通機関「仙台空港アクセス鉄道」の不通だった。これは、仙台駅から東北本線を名取駅まで南下し、名取駅から仙台平野を横断して仙台空港へ向かう路線である。名取駅を過ぎてしばらくのあいだ、線路は高架の上にあるが、仙台空港に近づくにつれて徐々に地面へと降りてゆく。その地面に近い区間は、線路が津波の被害を受けてまだ電車が走行できない状態で、代替のバスが人びとを空港に運んでいた。

また、空港周辺は、津波から五カ月が経っているにもかかわらず、一面水浸しの状態がつづいていた。それは、水が引いていかないというより、この辺りが八〇センチメートルほど

仙台空港周辺の湿地

沈降したことの影響が大きいようだった。仙台平野は、湿地を干拓して土を盛ってつくり出した人工の陸地である。人間が盛った土砂は多く海へ流されてしまったのかもしれない。かつての葦原の湿地が、四百年の時を経て、再び姿を現したともいえる。そして、新しく葦の生えた一面の湿地のなかに、自動車や小型の船舶やビニールハウスのアルミの骨組みが沈み、水面から半ばその姿をのぞかせていた。

仙台平野の海岸線から四、五キロメートル内陸へとひろがる田や畑は、このように多くが水に浸かっており、仙台市あたりの近郊農業はまだ再開の目処《めど》が立っていない。若林区荒浜の海水浴場周辺の家々は、コンクリートの土台を残すだけで、見渡すかぎり無人の荒野がひろがっていた。

名取市閖上《ゆりあげ》にある日和山《ひよりやま》は、人工の盛り土で高さ五メートルもないだろう。宮城野区の日和山も高さ六メートルである。これらは津波に洗われた。五五メートルの高さをもつ石巻市の日和山が津波に耐えたのと、対照的である。

米どころの悲劇――閖上地区と荒浜地区

仙台平野には、おそらく人工の小さな日和山以外は視界を遮るものがない、平らな地形がつづいている。米どころとしては最適だが、津波に対してはきわめて弱い。近辺に高台と呼べるような土地はなく、コンクリートでできた学校の屋上以外、津波を避ける場所がなかったのである。

名取川の河口にある名取市閖上という地名は、伊達政宗が貞山堀をつくったときに、この地が新たな米どころになることを祝してつけたものである。この閖上地区の海岸一帯が、家一軒を残してすべてを津波にさらわれる壊滅的な被害をうけた。海沿いに見える松原も、半数は潮をかぶって枯れている。海辺の水田を波や風や砂から守るために植えられた松林も、津波の勢いを減速させることはできても、防ぐ力はなかった。ただ、閖上の松原は半ば残っており、陸前高田の七万本の松が一本を残してすべて流されたのと比較すると、その違いは何なのか、改めて検討の余地がある。林野庁では今後、松原を一〇〇～二〇〇メートルの奥行きに造成することによって、減災に役立つと想定している。

津波を耐え抜いたと思われる閖上の一軒の家も、近くで見てみると、外枠が残されているにすぎず、なかには何も残っていない。津波の進入方向と平行した側面は、ガラス戸が割れることなく残っているが、津波に直面した側面の壁はことごとく破壊されている。周辺の家々は、土台のみを残してすべてがさらわれてしまった。津波のまえは千戸あまりの家が建ち並んでいた一帯に、葦の青々とした葉が生えはじめている。かつてこの場所が海辺の湿地帯であったことを、葦が思い出しているかのようであった。

わたしが初夏に訪ねたとき、閖上地区では瓦礫の撤去が進んでいた。撤去した瓦礫は、松原よりも海側に、土堤のように積み上げられていた。津波で三メートルほどの土堤そのものが押し流されてしまったため、その代用にされていたのである（その一カ月後、この瓦礫の土堤から自然発生的に火事が起きた）。

閖上地区には、高さ五メートルほどの日和山がある。直径二〇メートルほどの円形の山、

人工の日和山

というよりは人工のこんもりとした小さな丘である。

「日和山」というのは、波風が風帆船の航行に適しているかどうかを観察するための山のことである。本書でも後にふれる石巻港や、秋田の能代《のしろ》港、庄内の酒田港、関門海峡の下関港など、たくさんの港の入口にその名が残っている。航海のための日和《ひより》（天候、つまり風と波の状態）を見る場所で、「日和見《ひよりみ》」の語源である。

閖上地区の日和山は、おそらく人工のものである。規模が小ぶりであることもさることながら、平野部の河口近くにこのような形状の丘が自然に、一つだけできるとは考えにくいからである。広浦の漁港を見下ろす一方で、貞山堀と仙台湾を行き来する舟の航行の様子や波風の状態を観察するために、人が土を盛ってつくった山だと思われる。

この日和山の頂上に、震災前には二本の松の木と閖上湊神社があった。松の木は津波を耐えたが、神社の石造りの鳥居は見事に断ち割られ、神社にのぼる階段の両側に据え付けられていた鉄製の手すりとともに津波にさらわれてしまった。かつてあったという社《やしろ》は、姿も形もなかった。

海岸線から二キロメートルほど奥にある閖上中学校は、三階建ての二階まで津波に襲われた。中学校に避難した人びとは、三階から屋上に逃れることで生命を守ることができた。

その北側にある仙台市若林区の荒浜は、名取川を挟んで閖上地区と接している。「荒浜」という地名が示すように、昔から、ときに荒波の押し寄せる浜であったことは想像にかたくないが、九十九里浜のようにまっすぐな砂浜がつづいており、震災のまえは仙台市民の海水浴場として使われていた。海水浴場であるから高い防波堤はなく、砂浜の後背地（バックヤード）に高さ二、三メートルの土手が設けられていたにすぎない。

そのため、津波が荒浜地区の海岸線付近を根こそぎさらい、引き波が荒浜の海水浴場に二百から三百人の遺体を残していった。河口付近の引き波は、波上のすべてを海へとさらっていくが、荒浜地区は直線的な砂浜であったために、そこに遺体が残されることになったとおもわれる。

この荒浜地区には、海岸から二〇メートルほどのところに小さな、名もしれない神社があった。この神社も津波で破壊されてしまったが、神社の境内の破損した石碑に「文政七年」という文字が刻まれているのが読みとれた。文政七（一八二四）年に建てられた、二百年近くまえの石碑であったのだろう。

多賀城

貞観地震の記録が残る多賀城地区

仙台市の北東に位置する多賀城《たがじょう》市には、かつて陸奥《むつ》国の国府、多賀城があった。多賀城は、陸奥国の国府であると同時に、出羽国まで管轄する広域行政府、蝦夷《えぞ》対策の中心地としての性格ももっていた。その創建は神亀《じんき》元（七二四）年である。「宮城県」の県名は、多賀城の地が「宮城《きゅうじょう》」の野を意味する宮城野と呼ばれていたことから付けられた。

多賀城跡は、東北本線「国府多賀城駅」の北西部にある。海岸線までの距離はおよそ四～五キロメートル。標高は、低いところで十数メートル、高いところでは四十数メートル。この小高い丘の上に多賀城は築かれた。

築地塀《ついじべい》でできた外周九〇〇メートルの外郭が中央の政庁を囲み、その政庁を一〇〇メートル四方の築地塀（高さ三・五メートル）が囲んでいた。政庁の中央やや北側に正殿が、正殿の手前両側に東西脇殿が配置されていた。外郭の南西角は、砂押川《すなおし》の支流、勿来川《なこそ》沿いにあった。

貞観十一（八六九）年五月二十六日（現在の七月九日）、陸奥国を襲った貞観大地震は、マグニチュード八・四、あるいはそれ以上にあたる規模であったといわれる。被害の程度は、多賀城下で千人ほどが亡くなったというが、当時の日本の人口が約五百万人だったから、現在の二十五分の一、つまり現在でいうと二万五千人に達するのかもしれない。今回の東日本大震災の死者・行方不明者は約二万人（二〇一一年十一月一日現在）であるから、それと同程度以上の被害が出たのである。地震にともなう津波の規模も、後にのべるように、東日本大震災と同程度であったと推定される。

そのときの被害の様子が、『日本三代実録』という当時の歴史書に記録されている。

廿六日癸未　陸奥國地大震動　流光如晝隠映　頃之　人民叫呼　伏不能起　或屋仆壓死　或地裂埋殪　馬牛駭奔　或相昇踏　城墎倉庫　門櫓墻壁　頽落顛覆　不知其數　海口哮吼　聲似雷霆　驚濤涌潮　遡洄漲長　忽至城下　去海數十百里　浩々不弁其涯涘　原野道路惣

爲滄溟　乘船不遑　登山難及　溺死者千許　資産苗稼　殆無孑遺焉

読み下し文にすると、こうなる。――廿六日癸未《きび》。陸奥國の地、大いに震動す。流光《りゅうこう》昼の如く陰映《いんえい》す。頃之《このころ》、人民叫呼《きょうこ》し、伏して起《た》つこと能はず。或《あるい》は屋仆《おくたお》れ圧死す。或は地裂けて埋殪《うめたお》し、馬牛駭《おどろ》き奔り、或は相昇踏《あいのぼり》む。城郭・倉庫・門・櫓《やぐら》・牆壁《しょうへき》、頽《くず》れ落ち顛覆《てんぷく》す。其の數を知らず。海口哮吼《かいこうこうこう》し、聲雷霆《こえらいてい》に似たり。驚濤涌潮《きょうとうようちょう》、遡洄漲長《そかいちょうちょう》し、忽《たちま》ち城下に至る。海を去ること数十百里。浩々《こうこう》として其の涯涘《がいし》を弁ぜず。原野道路、惣《たちま》ち滄溟《そうめい》と為る。船に乗るに遑《いとま》あらず、山に登るに及び難《がた》し。溺死《できし》せる者千許《ばかり》。資産苗稼《びょうか》、殆《ほとん》ど孑遺《げつい》なし。

現代語訳を記すと、次のようになる。――貞観十一（八六九）年五月二十六日、陸奥国で大地震が起きた。流光が昼のように明るく、また暗い陰を映し出した。人々は大声で叫び、伏したまま起き上がることもできなかった。家屋が倒れて圧死したり、地が裂けて埋まって亡くなった者がいた。馬や牛は驚いて走りまわり、互いに踏みあったりした。（多賀城の）城郭、倉庫、門、櫓、牆壁《しょうへき》（築地塀）は崩れ落ち、引っくり返った。これらの被害については数え切れない。海に接した河口は吠《ほ》え叫ぶようで、その声は雷鳴に似ていた。驚くほど大きな波で潮が湧き上がり、川を津波が遡上して満ち溢れ、たちまち多賀城の城下まで津波が到達した。城は海から数里も離れていたが、水が浩々と広がり、その水際の涯ての区別もつかない。原野も道路も、忽《たちま》ち滄溟（青海原《あおうなばら》）となった。船にも乗れず、山に登って逃げることもできなかった。溺死した者は千人ほどで、土地の資産や植え付けた穀物や稲の苗は少しばかりの残りもなかった、と。

この記述から、多賀城周辺で地震と津波によるきわめて大きな被害が出たことがうかがえる。

また、一九九〇年ごろから活発化した貞観津波の研究成果からも、この貞観大地震の被害の様子が具体的に想像できるようになってきている。それによると、貞観大地震発生当時、海岸線は現在よりも二キロメートル内陸側にあり、大津波は砂押川を遡上するかたちで、現在の海岸線よりも四、五キロメートル内陸まで押し寄せたのである。

この津波の遡上高は、今回の東日本大震災のそれと同程度だった。

東北電力の調査では、貞観大地震のさいの津波は、仙台平野の海岸線から約三キロメートルの地点で、高さが三メートルもあった。この調査は一九九〇年に報告され、その結果、東北電力の女川《おながわ》原子力発電所は高台をほとんど削らないかたちで、その高台に建設された。福島第一原発が想定した津波の高さは、五・七メートル。これに対して女川のばあいは九・一メートルの想定だった。

多賀城は、さきにふれたように、標高十数メートルから四十数メートルの小高い丘に築かれていたため、一部の低い地点を除いて、貞観の津波の被害からは免れることができたようである。これは、今回の東日本大震災の津波でも同様であった。

歌枕「末の松山」に込められた意味

ちぎりきな かたみに袖《そで》を しぼりつゝ 末の松山 浪《なみ》こさじとは

百人一首には、歌枕「末の松山」について詠んだ歌が収められている。この歌の意味は、「末の松山を海の浪が決して越えることがないように、わたしたちは決して心変わりはしないと、涙で濡らした袖をお互いに絞りながら契《ちぎ》りあったものですね」というものだ。「末の松山」は海の浪が決して越えることがない、という伝承から、「末の松山」は男女の愛の固い誓いの永遠を象徴する表現となっている。

この「末の松山」が特定の場所を指しているのか、それとも歌のなかで詠まれた架空の場所なのかは、学者のあいだでも見解が分かれていて定かではない。特定の場所を指すという見解のなかでも、いくつかの候補地が挙げられている。そうしたいくつかある説のなかでも、「末の松山」は、多賀城市八幡《やわた》にある宝国寺の裏山であるとする説が有力である。

多賀城はすでにふれたように、標高十数メートルから四十数メートルほどの小高い丘で、仙石線の「多賀城駅」の南西数百メートル、現在の砂押川の河口から四キロメートルほどの位置にある。宝国寺はその麓で、河口からはおよそ三キロメートル、標高は海抜一〇メートルほどである。

そして、今回の津波でも、この「末の松山」までは押し寄せていない。

明治時代の歴史地理学者・吉田東伍《とうご》は、『日本三代実録』の貞観地震の記録を考察している（『歴史地理』明治三十九年十二号）。吉田はそこで、貞観津波が「末の松山」を越えそうで越えなかったところから、「末の松山」が歌枕として詠まれるようになった、と結論づけている。そして、実際、今回の東日本大震災でも、津波が砂押川下流の自衛隊駐屯地までは来たが、砂押川は決壊しても「末の松山」を越えることはなかったのである。吉田が考えたように、「末の松山」の伝説は当時、津波を免れたことから人口に膾炙《かいしゃ》した事実の伝承であったのだろう。

海へと戻った砂押川の河口

砂押川の河口から二キロメートルほどのところにある自衛隊の駐屯地は、津波で冠水し、そこに駐車するジープや運搬車輌などが使用不能になる被害を受けた。砂押川の護岸は二、三メートルほどの高さがあるが、川を遡上した津波がその護岸を乗り越えたのである。南の仙台港や北の七つ浜と異なり、多賀城付近では人的被害がなかったのが不幸中の幸いといえるだろう。

わたしはさきに、多賀城付近の海岸線は、千年以上まえの貞観地震発生当時、現在より二キロメートルほど内陸側にあったとのべた。海岸線が二キロメートルほど海に押し出していったのは、第二次世界大戦後、海を人工的に埋め立てて工場や港をつくった結果である。その埋め立てによってできた港湾の一部が仙台港である。

今回の地震の影響で仙台港のコンクリート敷地は液状化し、あちこちでコンクリートが裂けて砂泥が噴き出し、港に通ずる道路も断裂し、臨海鉄道も不通になっていた。仙台港には、物資を運搬するための臨海トロッコ列車が走っているが、その線路の一部は流され、鉄道の痕跡をうかがい知ることさえ難しかった。仙台港では、地盤そのものが一メートル近く沈降してしまったことも影響して、わたしが訪ねた時点で復旧の目処《めど》はまだほとんど立っていなかった。

その後、二カ月ほどして、陸上に乗り上げていた五〇〇〇トン級の貨物船が海に戻された。

七ヶ浜

浜と丘陵からなる半島「七ヶ浜」

多賀城の都の入江、すなわち砂押川の河口付近の北側から塩竈《しおがま》市にひろがっているのが、七ヶ浜であり、その一つが、湊浜である。

七ヶ浜町は、松島湾の南西に突き出した小さな半島に位置している。北は松島湾、東と南は太平洋に面し、西側で陸続きに南から仙台市、多賀城市、塩竈市に接している。この七ヶ浜には、その名が示すとおり七つの小さな浜がある。その湊浜、松ヶ浜、菖蒲田《しょうぶた》浜、花渕《はなぶち》浜、吉田浜、代ヶ崎《よがさき》浜、東宮《とうぐう》浜の七つの浜のあいだを、高台、岬、断崖の丘陵地が一つ一つ遮っている。高いところで標高が三〇～四〇メートルほどあり、半島の表情は、それらの浜で一つ一つ異なっていて、漁場は豊かである。

花淵浜の破壊された漁港

七ヶ浜町の田畑は低地の海辺につくられており、今回ことごとく津波の被害をうけた。海水が引いているところもあったが、多くの田畑に潮が残り、草も生えていない。農業再開にはほど遠い状態で、真水による洗浄をすることなしに田畑として使用することが危ぶまれた。周辺を歩いていると、潮の腐った匂いが鼻につくほどだった。

七ヶ浜の半島北東部に、東北電力の仙台火力発電所がある。二〇一〇年に稼働をはじめたばかりの天然ガス火力発電所だったが、津波によって施設も燃料も甚大な被害をうけ、再稼働の目処はまだ立っていない。

半島の東の端にある花淵浜は、現在は港として整備されている。港には防潮堤が設けられていたが、この辺りを襲った二〇メートル近い津波のまえでは無力であった。震災に襲われる以前は、百隻ほどの船が停泊する漁港として賑《にぎ》わっていたようだが、わたしが訪れたときは、漁港周辺の道路も壊され、二隻の姿が見られるのみであった。

コンクリートの防波堤・防潮堤は、今回、大津波に対する弱さを露呈した。後にふれる岩手県宮古市田老町《たろうちょう》の「万里の長城」と呼ばれた高さ一〇・五メートル、長さ二・五キロメートルに及ぶX字形の防潮堤も、津波の到達をすこし遅らせる以上の機能を果たすことはできなかった。津波の威力の前に破壊されてしまった防波堤・防潮堤は、東日本全体で五百カ所のうち三百余カ所に達しており、きわめて多いのである。

わたしたちがここから学ぶべきことは、人工構築物の防潮堤で自然の大津波の力を押し返すという近代的発想には、限界が見えた、ということである。防潮堤の高さや強度を増せばいいというものではない。自然の脅威を人工構築物で押し返そうとするのではなく、自然の脅威を受け止め、そのうえで被害を軽減するにはどうすればいいか、発想を転換することが必要である。すなわち、自然と共生する人間圏の「減災」の発想が不可欠なのである。

その発想の有効性に気づかせてくれたのが、芭蕉が愛した松島の島々である。「松島九十九島」と呼ばれる多くの島が、津波の力を少しずつ殺《そ》ぎ、松島湾を津波の強圧の被害から守ったのである。七ヶ浜にいまも生きている島の沈没伝説にふれた後で、話を松島に移していきたい。

地震で沈んだ「大根島」の伝説

花淵浜には、貞観大地震のときだろうか、沖の島が海に沈んだという伝説が残っている。花淵浜の南東約七キロメートルの沖にあるといわれる「大根島《おおねじま》」である。この島には、「大根明神」と呼ばれる神社があり、島の東西に二つの祠《ほこら》があったと伝えられている。そして今も、漁師が生きたアワビを洋上から投げ入れ、大根明神に捧げる「大根明神祭」がつづいている。地元の民話では、その祭りの由来を次のように伝えている。

昔、親船が荷物を満載して花淵浜に向けて航行中に、にわかに海が荒れておおしけとなり、波にもまれながら大根様の上を通ったら、みしっと音がして船底に穴があき、海水が吹き出したので大騒ぎになった。早速垢取《あかと》りでみんなで水を汲み出したが、だんだんみずかさが増してきた。船頭が鼻節《はなふし》神社の方に向かって手を合わせ、「鼻節様、どうか助けてけさえん。」と一心に拝んだら、今まで勢いよく吹き出していた水が、ぴたりと止んだのでほっとした。ようやく花渕浜に着いて船底の穴をのぞいたら、大きなアワビがしがみついていて穴を塞いでいた。この事があってから村の人達は、鼻節神社のお祭りには、生きたアワビを供えるようになったと伝えられている。(『七ヶ浜民話』鈴木與蔵氏編集)

ここで登場する「鼻節神社《はなふし》」は、大根明神ときわめて関係が深いとされている神社で、花渕浜にほど近い岬に社殿が今も祀られている。「花渕《はなふち》」の地名は、「鼻節《はなふし》」が訛《なま》ったもの、と地元では伝えられている。

地区の旧家に残る『鼻節大明神御縁起』によると、今から二千四百年ほどまえに創建されたとあるが、これはもちろん伝説の域を出ない。だが、この神社名は十世紀に編纂された『延喜式《えんぎしき》神名帳』や清少納言の『枕草子』にもその名が記されており、古く、由緒ある神社であることは間違いない。

大根明神との関係について話を戻すと、「鼻節神社」はもともと大根島にあったが、貞観大地震で沈んだため今の地に移された、と地元の人びとは伝えている。そのため、大根明神は鼻節神社の奥の院であるともいわれている。

両者をつなぐ伝承がもう一つある。鼻節神社の古い参道は、海に向かって途中で急に切れているが、この古道の階段は海中につづいていて大根島に行ける、というものだ。

この「大根島」の伝説を、肉眼で実際に確かめた人がいる。多賀城市にある東北学院大学工学部で、水撃圧による配管破断について研究をされている河野幸夫教授である。一九九九年から十三年間にわたり、大根島があったとされる海域に合計百回ほど潜り、伝説の島の存在を確かめたというのだ。二つの祠や階段状の人工物、木の化石があったというから、東西に二つの祠があったという伝説とも合致するようだ。

それはともかく、東日本大震災では、大根島の伝説が地元の人の生命を救ったのである。というのは、「大地震と津波では島が沈むほどで、とにかく逃げるしかない」という教えが地元の漁師のあいだで生きていたからである。岩手の三陸海岸に伝わる「津波てんでんこ」――「とにかく、てんでんに早く逃げろ」という意味の方言――の教えと同じである。その教えにより、この地区の人びとは、地震発生直後にいち早く高台に逃げたため、この花渕浜では犠牲者を出すことはなかった。

松島

津波の勢いを減じた松島九十九島

松島港には、宮戸島をはじめ大小あわせて二百六十あまりの島がある。江戸時代は「松島九十九島」という言い方もされたが、実際にはその倍以上もの島がある。直線かと見紛《みまが》うほどにつづく仙台平野の海岸線とは対照的に、同じ宮城県でも、松島湾のばあいは多くの入江と島々が形づくる多島海であり、岩手県の領域と同じリアス式海岸である。

東日本大震災にともなう大津波によって、東北地方太平洋岸のリアス式海岸は甚大な被害をうけた。そのなかで、ここ松島だけがその津波の甚大な被害を免れたのである。松島湾に浮かぶ島々が、自然の防波堤の役割を果したからだ。

防波堤というと、高波の浸入を阻《はば》む直線的な人工構築物をイメージしがちだが、松島湾ではそうではなかった。津波は、島に当たると二つに割れる。割れた先でまた島に当たると、さらに二つに割れる。その先にもまた島があり、また波が割れる――。その繰り返しで津波の破壊力を減殺したのである。

さすがに水かさの増加までは防ぐことはできず、松島海岸周辺も高波に浸かったが、松島海岸に到達した海潮には、家々をなぎ倒す破壊力はなかった。

松島海岸の海岸線のすぐ近くに位置する仙石線の「松島海岸駅」も、ほとんど被害を受けなかった。松島海岸から仙台を結ぶ区間では、線路はほとんど山中を走っている。津波の被害を免れた鉄道の運行は早期に再開され、そのため松島での観光の再開も早かった。

松島海岸周辺の田畑は津波の被害を大きく受けることもなく、わたしが現地を訪ねたとき、松島から石巻に向かう海岸沿いの地域――東松島市の野蒜《のびる》、東名《とうな》など――を別にすれば、農家の人びとの営みは震災前の状態に戻りつつあった。

松島周辺の人びとを救ったのは、紛れもなく松島湾の多くの島々である。東日本の海岸線の復興計画においては、この教訓が活かされねばならない。

松島は笑うがごとく、象潟《きさかた》はうらむがごとし

松島や　ああ松島や　松島や

この句は後世の狂歌師が詠んだもので、松尾芭蕉の作ではない。芭蕉は、松島の地をこよなく愛したが、不思議なことに、『おくのほそ道』では松島の句を残していない。そのため、偽作が生まれたのである。

芭蕉が松島への旅のあと松島と対比させ、俳句を詠んだのは、秋田県の象潟《きさかた》である。秋田市と酒田市のほぼ中間に位置する出羽の海辺で、後景には万年雪をいただいた鳥海山がそびえ立っている。

芭蕉は、『おくのほそ道』の旅で象潟の情景を、松島と対比してこうのべていた。

江の縦横一里ばかり、俤《おもかげ》松島にかよひて、又異なり。松島は笑ふが如く、象潟は怨むがごとし。寂しさに悲しみをくはえ（へ）て、地勢魂をなやますに似たり。

芭蕉は、「象潟のおもかげは松島に似ているが異なる」という。松島には明るく笑うような賑わいがあるが、象潟にはどこかうら悲しさがつきまとう。心を悩ませる女性の姿のようだ、と。

そして、象潟について有名な次の句を詠んだ。

象潟や 雨に西施《せいし》が ねぶの花

芭蕉が松島と象潟に旅したのは、江戸中期の元禄二（一六八九）年のことである。この当時、松島と象潟はともに多くの島を浮かべる海の景勝地で、「東の松島、西の象潟」と対照されていた。象潟の「潟《がた》」とは、海から隔てられた湖、「潟湖《せきこ》（ラグーン）」のことである。碧《あお》き潟湖に浮かぶ島々と、島々を彩る松の青とが、印象的だったのである。

ついでながら、松島と象潟は、この景勝の歴史的なつながりを理由に、昭和六十二（一九八七）年に、姉妹都市ならぬ夫婦《めおと》町の盟約を取り交わしている。

象潟の島々は、もとをたどれば紀元前の鳥海山の噴火のさい生まれたものである。噴火により山の一部が崩落し、土砂が流れこんで浅瀬の海と多くの島々を作り出した。そして、長年の堆積《たいせき》作用の結果、潟湖ができあがったのである。

しかし、象潟の島々は二百年ほどまえ、突如として海の中の島々ではなくなった。文化元（一八〇四）年に起きた巨大地震で日本海に面した土地が隆起し、潟湖がすべて陸地になったのである。陸地化した海浜ではその後干拓事業が進み、かつての海辺の景勝は失われかけたが、象潟にある蚶満寺《かんまんじ》の当時の住職が島々の保存を訴えたことで、一面の水田の平野のなかに、いくつもの小山が浮かんでいるという現在の姿が残された。そのため、水田に水が張られる田植えの季節、海中に島々が浮くという、かつての象潟を彷彿《ほうふつ》とさせる光景が再現されるのである。

象潟の「誕生」と「消滅」は、急激な地殻変動によって日本の海岸線が移動し、また上下に変化することを端的に示している。すでにのべたように、東日本は毎年五ミリずつ東へ移動する動きを示しているのだ。そして、それと同じ動きが、いっぺんに千年分、東日本大震災で発生したのである。東北の太平洋岸一帯が、東に五メートルあまり移動し、そうして数十センチメートルから一メートルあまり沈降したわけだ。

東日本の太平洋岸は、東に移動するとともに沈降し、日本海側は逆に隆起する。

これが、巨大地震のさいに日本列島東北部で急激に起きた変化である。日本列島の北半分が乗る北米プレートが、太平洋プレートの下に沈み込むとともに、ユーラシアプレートの上に跳ね上がった結果であろうといわれている。過去においては、象潟の隆起と海に沈んだ大根島がその実例である。

石巻港

北上川の付け替えと石巻港の発展

北上川は、岩手県内陸の北部、岩手郡岩手町に水源を発している。県中央部、北上山地と奥羽山脈のあいだを縦断するように南下し、盛岡をへて宮城県登米《とめ》市津山町付近で二手に分かれ、石巻湾にまっすぐ南下する流れと、東の追波《おっぱ》湾に注ぎ込む流れとになっている。前者が旧北上川、後者が新北上川である。この二つが現代の北上川の流路であるが、歴史のなかでは幾度も流路の付け替えがおこなわれた。

それというのも、北上川流域は雪どけ水の水量が多く、これに梅雨や台風などが重なると、洪水がたびたび発生したのである。しかし、江戸時代以前は、この北上川周辺で小豪族の争いが絶えず、流域の治水や開発は一向に進まなかった。江戸時代に入り、上・中流域を大名の南部氏の盛岡藩が、下流域を伊達氏の仙台藩が治めるようになって、治水工事と流域の開発が急速に進むようになった。

とくに、強い指導力をもった伊達政宗による大規模な治水工事と流域開発がおこなわれ、後世に大きな影響を与えたのである。政宗は、北上川の流路を付け替えて洪水をおさえ、新田を開発するとともに、舟運の活用をおこなった。

政宗の施政により、北上川の河口に位置する石巻は洪水の被害をまぬがれ、流域で取れる米の集積地となり、藩の経済の中心地になった。また政宗は、仙台平野の開拓、貞山堀の開削、そうして北上川の細かい付け替えをおこない、仙台藩を大いに富ませることに成功したのである。

政宗につぐ北上川の大規模な流路改修工事は、明治から昭和にかけておこなわれた。明治四十三(一九一〇)年、二度にわたって発生した大洪水をきっかけに、明治政府が北上川の改修に着手したのである。北上川が南に直下する旧北上川と、東の追波湾に注ぐ新北上川の二つに最終的に分流したのは、このときの工事によっている。新北上川は、北上川の水を分ける放水路として位置づけられたのである。

壊滅的な打撃を受けた石巻漁港

石巻は、四百年にわたって舟運の拠点および漁港として栄えた町である。かつては米の荷揚げで賑わった港湾は、戦後に「特定第三種漁港」に認定されたことによって、急速に東北漁業の一大拠点として発展を遂げてきた。「特定第三種漁港」とは、水産業の振興上とくに重要であるとして、政令で認定された漁港のことである。

この石巻港に水揚げされる魚は、近海のタラやスルメイカで、気仙沼のカツオやサンマ、すなわち遠洋漁業の母港とは、漁業の種類が異なる。南の塩竈が、マグロやカジキで、やはり遠洋漁業で、これら遠洋漁業の港では、港じたいは津波で大きな被害をうけたが、遠洋に出ていた漁船は大して被害をうけず、それゆえ漁業の復活は早かった。

たとえば、塩竈での二〇一一年十一月の水揚げは、前年同月の二倍に達している。他の漁港が水揚げできなかったので、塩竈に集中したのである。

それはともかく、石巻港の旧北上川の河口近くの左岸、つまり西側に、戦国時代に城郭があったとされる日和山がある。ここに城を建てたのは、この地を治めていた有力大名の葛西氏である。日和山の標高はおよそ五五メートル、港や北上川を行き来する船や波浪の状態を

石巻の日和山から海岸線をのぞむ。日赤病院の建物（むかって左側）以外は、津波にさらわれた。

一望できる高台である。その頂《いただき》にある日和山神社から震災後の石巻港を眺めると、南の防波堤が大きく破壊され、あちこちに瓦礫の山が放置されているのが見て取れる(この瓦礫の山も、夏に自然発火の火事がおきた)。

石巻市の沿岸一帯は、地震の影響で地盤が一メートルほど沈んだ。津波の被害はもちろんのこと、その地震沈下の影響もあって、南の松島海岸から石巻に至る仙石線の沿線では水が引かず、沼状になっている集落がいくつもあった。野蒜や東名などである。駅舎が津波でさらわれたところもある。当然、その区間では電車の運行は再開されていない。水が引いたところでも、潮の腐った匂いが残り、地面はひび割れ、草木はまったく生えていなかった。

石巻市街地は、地盤が沈下しただけでなく、防波堤をも失った。そのため、大潮のたびに海水が町のなかに入り込んでくる。それを防ぐために、瓦礫が防潮堤の代わりに積み上げられ、主要道路は五〇センチから一メートルほどカサ上げされた。

石巻漁港は大きく破損し、漁港近くの水産物加工場や魚市場は、鉄骨で頑丈に建てられていたため、外ワクは津波で流されてしまうことはなかったが、その内部設備は津波にすべてさらわれ、長浜あたりでは漁港としての機能はまったく失われていた。鉄道駅近くに建ち並ぶ物産店では、かつては多くの海産物を販売していたのだが、水揚げが途絶え、店頭に海産物の姿はなかった。

第二章

岩手編——リアス式海岸

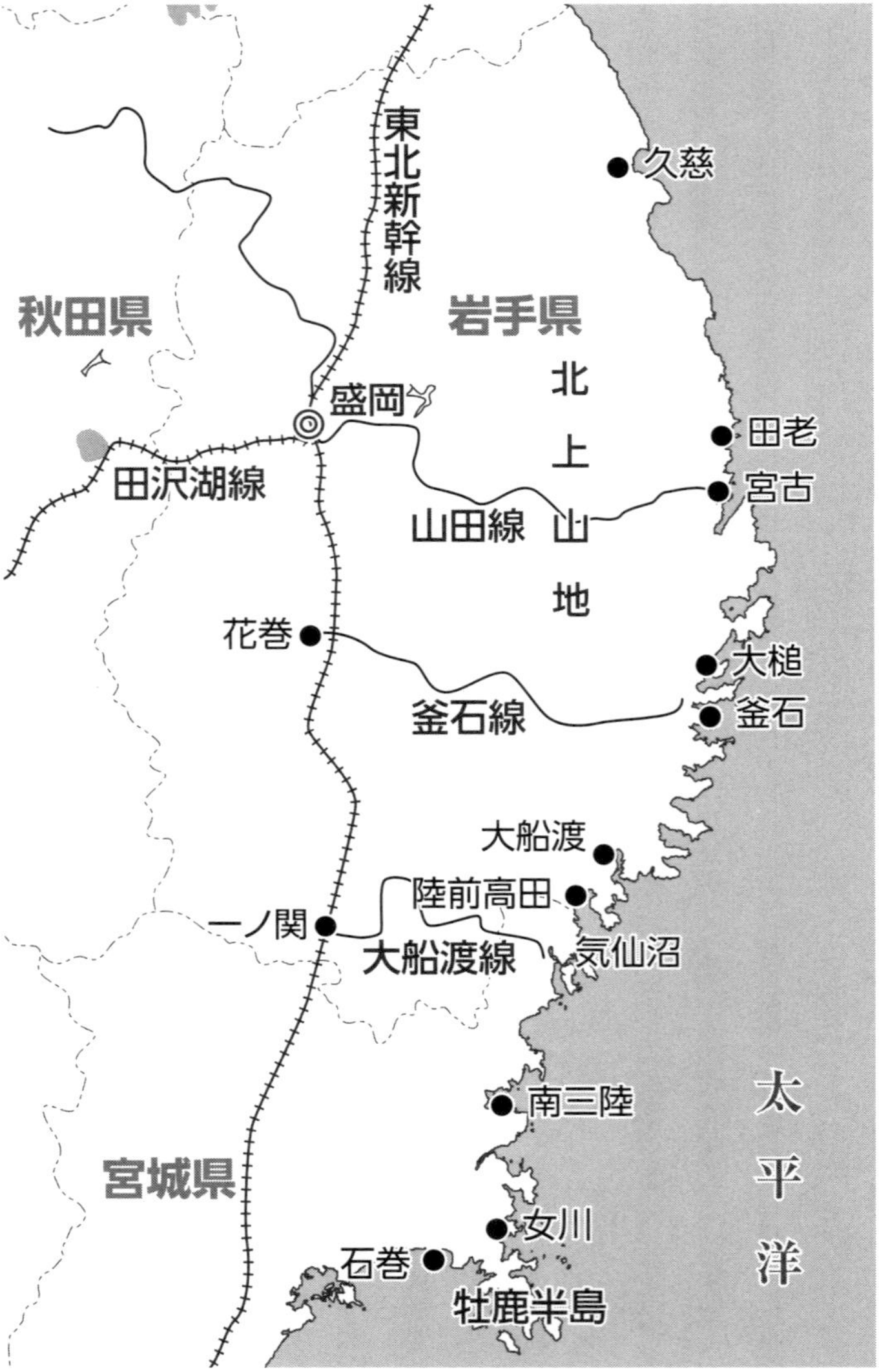

東北新幹線
秋田県
岩手県
久慈
北上山地
盛岡
田老
宮古
田沢湖線
山田線
花巻
大槌
釜石線
釜石
大船渡
陸前高田
一ノ関
気仙沼
大船渡線
南三陸
太平洋
宮城県
女川
石巻
牡鹿半島

三陸リアス式海岸南端部

「潮入川」が津波に襲われた女川《おながわ》漁港と新北上川流域

石巻の市街地から東南方向に突き出た牡鹿《おしか》半島は、三陸リアス式海岸の南端である。ここから、岩手県沿岸部を経て青森県に至るまで、海岸線の総延長は一〇〇キロメートルを優に超え、日本有数のリアス式海岸である三陸海岸がつづいている。

リアス式海岸の「リアス」とは、スペイン語で「潮入川」を意味する。もともとは、スペインの大西洋に注ぐ深い谷から入江にそそぐ川で、ここに満潮のとき潮入、つまり海水が浸入するのだ。リアス式海岸とは、その浸食の深いギザギザの海岸線のことを指していた。日本では、この三陸海岸や伊勢志摩の海岸線が代表的である。

「潮入川」というだけあって、大潮や高潮、そして津波のさいに、海潮、すなわち海水が遡上してくる川のことを指していた。いまでは、その川がなくとも、似たようなギザギザの地形の海岸をリアス式海岸と呼ぶのが一般化しているが、海潮を集中的に集めやすい地形的な特徴を有していることには変わりはない。

じっさい、三陸海岸沿岸部は、明治二十九（一八九六）年と、昭和八（一九三三）年、そして今回と、数十年おきに発生している三陸沖地震において、一〇～二〇メートルを超える大津波の被害を受けたところが少なくない。場所によっては三〇メートルを超す津波に襲われたところもある。それは、今回の東日本大震災においても同様であった。

牡鹿半島の付け根に位置する女川町《おながわ》では、山に囲まれた低地に位置する女川浜の一帯の建造物が、ほとんど跡形もなく引き波にさらわれていた。女川港の海から女川に向かって、右手（東側）に一七〇メートルの小山があり、左手（西側）に二九二メートルの高崎山が聳《そび》えている。津波はこの狭まった女川を遡ったのである。

象徴するのが、四階建てのコンクリートのビルが、海のほうに横倒しにされていたことである。海から押し寄せる津波の押し波に倒されたのであれば、海とは反対側の山に向いて倒れているはずである。それが海側に倒れているということは、高台に行く手を阻《はば》まれた津波が入江に戻り、引いていく力に押し倒されたことを物語っている。その引き波の力に、女川

女川漁港。横倒しになった４階建てのビル（正面）

駅の駅舎も、石巻線の線路も流されたのである。女川浜から一〇〇メートルほどの山の中腹の家々が無事であった姿と比べると、その無惨さは実に対照的であった。

一方、北上川から分流された新北上川下流部においても、リアス式の河川が津波を集め、まさに「潮入川」への逆流となって、きわめて大きな被害が出た。下流域の石巻市立大川小学校では、避難中の児童や教師の多くが、北上川を遡上する津波にのまれて犠牲になった。

女川原発の「賢」と「愚」

女川漁港から海側の南東方向を見やると、はるか彼方に鉄塔がそびえている。女川原子力発電所の鉄塔である。

この女川原発は、女川港から直線にして七キロメートル弱の距離にあるが、リアス式海岸の入り組んだ海岸線沿いの道路を行かねばならないので、車で一時間以上もかかる。だが、タクシーの運転手の話によれば、かつては二時間以上もかかっていたという。原子力発電所をもつ東北電力が舗装道路をつくり、これによって行程の時間が大幅に短縮されたのである。場所によっては、入江の海岸線沿いを通らずに、入江を横断して距離を短縮している箇所もいくつかある。当然のことながら、そうした直線道路は地盤のゆるい海上を走っている。今回の地震の影響で舗装道路が破損し、通行不能になっているところがいくつかあった。地盤のゆるい場所を安易に開発してはならないという好例であろう。

舗装道路では、こうした危うさを露呈した女川原発であるが、原発の建設にさいしては、東京電力の福島第一原発に較べれば、やや賢明な判断を下したといえるかもしれない。過去の大津波の教訓を活かして、三五メートルの高台を五メートル削るだけで、三〇メートルの高台に原子力発電所を建設したのである。福島第一原発が、送電線の設置しやすさや、物資の運搬や、海水を冷却水として取水しやすくするというコスト減のために、三五～二五メートルの高台を大きく削って海面から五メートルの高さにつくられたのと、対照的といってい

女川原発の白い鉄塔（2基）。30メートルの高台に建つ。

い。

女川原発の高台の施設は一部浸水し、そこに行く道路が寸断されて交通が一時遮断されはしたが、原発施設が大きな被害を受けることはなかった。原発施設が女川町民の避難所として使われたほどである。

復興から切り捨てられかねない小漁村

牡鹿半島には、小さな入江ごとに五戸から二十戸ほどの小さな漁村集落がある。これらの漁村は、千戸規模の女川漁港と同様、入江に津波が集まり、壊滅的な被害を受けた。小さな漁村は復興の手も行き届かず、船が陸上に打ち揚げられたまま、あるいは車が入江に沈んだまま、放置されていた。

宮城県では、村井嘉浩県知事が宮城県震災復興構想会議の提案をうけて、民間企業に漁業参入を促す「水産業復興特区」構想を掲げている。ここで主眼とされているのは、漁業の大規模集約と、外部資本の導入である。

いまふれたような小さな漁村集落を一つ一つ復興するとなると、費用がかさむ割には産業振興効果が乏しいというのは事実だろう。漁業で暮らしてきた小集落の住民の多くが高齢化し、農村における限界集落と同じような状態になっていることもまた事実だろう。しかも、自治体の自主財源が限られており、民間資本に頼らざるをえないということも、非効率分野への投資には民間資本が集まらないということも理解できる。だが、その効率性の名のもとに、海岸線の入江で百年、二百年と漁業を営んできた人びとの暮らしを、県の行政が切り捨ててしまうことには大いなる疑問が残る。

政治家も官僚も、被災者の集まる避難所や仮設住宅には足を運んでも、海沿いの田畑が海水に浸かり、家や船が流されて人が住んでいない入江の「現場」には足を運ぼうとはしない。こういった海岸線の「今」を見ずに、海岸線を大きく変貌させた大地震と大津波からの復興計画を描こうとしていること自体が問題ではないだろうか。

地震と津波そして日本各地の過疎の海岸線に建てられた原子力発電所――その理由については後述――への被害が、海岸線を「今」どのように変えたか。その地の人びとはこれまで海岸線でどのような暮らしを営んできたのか。それが「今」どう変わったのか。そのことをつぶさに見、考えることからしか、海岸線の復興はありえないのではないか。牡鹿半島の小さな漁村の姿は、そのことを強く訴えかけているようだった。

陸前高田

津波の勢いを強めたリアス式海岸

岩手県の海岸線は、すべてリアス式海岸であるといっていい。

リアス式海岸とは、改めていうが、川の流れが山を浸食して切れ込んだ谷となり、河口で三角形の入江を形成した海岸のことである。岩手のリアス式海岸の浦々では、小さな漁港が人びとの生活を支えている。「リアス」はスペイン語で「潮入川」を意味するが、潮が満ちてくると、川の流れに海の水が入り込んでくるのである。それゆえ、リアス式海岸の入江は、高潮や津波を受け入れやすい構造的な性質を備えている。

その、津波を受け入れやすいリアス式海岸を、マグニチュード九・〇の大地震によって発生した大津波が襲ったのである。岩手県全域の海岸線に、高さ一〇メートルを超える津波

――宮古や気仙沼や大船渡や大槌《おおづち》、そうして釜石では波高は二〇メートルを超えた――が押し寄せた。水は、低きを好む。海にまで迫った岩手の海辺の山々に行く手を阻まれた津波は、行き場を求めて三角形の狭い入江に集まってくる。そうして集められた大量の海水が、狭められた入江に注ぐ「潮入川」をものすごい勢いで逆流した。岩手県各地で、三〇メートルを超える高さまで津波が遡上したのは、そのためである。のちにふれる姉吉《あねよし》では、かつて最高四〇・四メートルの遡上高を記録した。

陸前高田、消えた七万本の松原

岩手県の南部に位置する陸前高田市は、リアス式海岸のなかではやや広い平野部をもつ。広く平らな砂地や水田地帯を広くすすんだためか、今回の津波の遡上高は一八・九メートルと、岩手県のなかではそれほど高くはなかった。宮古市姉吉での遡上高は今回三八・九メートルに達した。

だが、陸前高田のばあい、その平地の多い地形が逆に仇《あだ》となった。津波は川を遡るまえに、広田湾に面した平野部に壊滅的な被害を与えたのである。総世帯数八千のうち約半数の三千

陸前高田市（2011年3月27日）　岩手日報社刊『特別報道写真集 平成の三陸大津波』より

八百世帯で住宅が全壊し、総人口二万四千人のうち千五百五十人あまりが亡くなり、三百人ほどが行方不明となった。死者・行方不明者で人口の八パーセントに迫る。また、岩手県全域での死者・行方不明者六千名強のうち、陸前高田での死者・行方不明者がその三割を超えている。平地の多い陸前高田にいかに被害が集中したかがわかる。

陸前高田は、人命・家屋に加えて、まちのシンボルをも奪い去られた。そのシンボルとは、「高田松原」と呼ばれる七万本の見事な松原である。この松原は、ただ一本を残し、すべてがなぎ倒されて海に流された。残された一本の松は、「奇跡の一本松」として、地元の人びとの希望となっていたが、平成二十三年末には、塩害による枯死が確認されている。

じつは、「高田松原」をつくった人の名は記録に残されている。「記録に残されていた」というのが正確であろう。松原をつくった人物を記した石碑がそこに建てられていたが、津波で流されてしまったからである。

その石碑に残されていた記録によれば、高田の松原をつくったのは、いま陸前高田で教育委員を務めている松坂泰盛氏の八代まえの先祖、松坂新右衛門定宣《さだのり》である。一六七一年から一七五四年、江戸時代の前期から中期にかけて生きた人だった。もとは気仙《けせん》川上流で金鉱山を営んでいたが、金の産出量が低下したことを受けて、気仙川の河口付近で新田開発に着手した。鉱山で働いていた人びとの雇用と、地域の産業振興を考えたためである。

そして、開墾・干拓した土地を潮や砂から守るため、私財を投じて松の苗木数千本を海岸線に植樹した。こうして、三百年ほどまえに、陸前高田の地に水田とともに、海辺に幅二キロメートルにわたる松原が誕生したのである。

陸前高田の名前もそうだが、その大船渡線の駅から海辺にかけての地名には、砂畑や、浜田、中田、沼田、裏田など新しく作られた田畑という意味が読みとれるだろう。

津波は、すでにふれたように、海から陸に押し寄せるときよりも、陸から海に引くときのほうが力が強い。防災林・防潮林としての役割を果たす松原であっても、引き波により洗掘《せんくつ》されて流されることが多い。わたしはこのことを、東北大学大学院工学研究科災害制御研究センター教授の今村文彦氏の研究発表で知った。二〇〇九年五月に『海岸線の歴史』を著してからわずか五カ月後のことである。このときは、まさか海辺の松原が七万本も根こそぎさらわれる事態が実際に起きるとは、予想だにしていなかった。

だが、同じく三百年ほど昔に植えられた仙台平野の閖上《ゆりあげ》地区の松原は、津波を受けてなお、多くがその姿をとどめている。閖上の海岸線近くでは、田畑や家々が壊滅的な打撃を受けたが、松原は健在であったのである。

陸前高田の松原と、閖上の松原。両者の明暗を分けたものは何か。

それは、両者の地形の違いと、貞山堀の存在ではないかとわたしはおもう。

岩手のリアス式海岸の入江では、海辺に立ちはだかる山々に行く手を阻まれた大きな津波が押し寄せてきて、狭い「潮入川」を遡上する。その大量の海水が、こんどは一気に引き波となって陸から海岸線を襲う。リアス式海岸の地形が引き波の勢いを強めることは、女川漁港で四階建てのコンクリートの建物が、陸側ではなく海側を向いて倒れていたことからも実証することができる。

一方、見渡すかぎり平らな仙台平野では、押し波も引き波も、力は広く均等にかかる。一点に力が集中することはない。押し寄せた津波は、四、五キロメートル内陸に到達したところで力を失い、ゆっくりと海に戻っていく。

これに加えて、仙台平野には貞山堀が海岸線と平行に、すなわち津波に対して直角に流れている。この貞山堀が、松原を越えて押し寄せた波の勢いを削ぎ、平野部に四、五キロメートル入り込んだ末に引いてきた波の勢いを、さらに奪ったにちがいない。

陸前高田でもう一つ見逃せないのは、地震によって地盤が八四センチメートルも沈下したことだ。東日本大震災で最大の地盤沈下に近い。このため、その後も平野部からは一向に水

閖上の松原は残った。

が引く気配がなかったのである。

このことは、陸前高田の平地がもともとは海であったことを示唆している。松坂新右衛門定宣の新田開発は、海岸線を沖へ移動させる干拓事業をともなっていたと考えられるのである。

さらには、松島や七ヶ浜のくだりでもふれたとおり、東日本は歴史とともに東へ傾いていることの証しでもある。七ヶ浜沖の大根島は海に沈み、松島と並び称された日本海沿岸の象潟の島々は、今では陸上の小高い丘となった。なお、陸前高田の他にも、釜石や石巻で地盤が八〇センチメートル以上陥没したことが観測されている。

宮古と山田線

海と山をつないだ宮古街道

宮古市は、岩手県の沿岸部にあって南北のほぼ中央、本州の最東端に位置する。明治二十二（一八八九）年の「明治の大合併」、昭和三十（一九五五）年の「昭和の大合併」、そして、平成十七（二〇〇五）年と平成二十二（二〇一〇）年の二度にわたる「平成の大合併」をへて、現在の広い市域となった。

岩手県は、北上川が南北に流れる内陸部の北上盆地と沿岸部の三陸地方とが、南北につらなる北上山地によって東西に分断されている。このため、北上山地を越えて、内陸部と沿岸部を東西に行き来することは、昔から困難をともなった。平地の少ない沿岸部は、飢饉のたびに食糧の確保ができなくなり、大きな被害を出したのである。

江戸時代の中期、現在の宮古市に生まれた牧庵鞭牛《ぼくあんべんぎゅう》和尚（宝永七［一七一〇］年―天明二［一七八二］年）が、飢饉の惨状を目にして立ち上がった。内陸の藩庁のある盛岡と沿岸の宮古を結ぶ四〇〇キロメートルに及ぶ道路を、半生をかけて開削したのである。それが宮古街道、またの名を閉伊《へい》街道という。現在の国道一〇六号線である。

しかし、内陸と沿岸をつなぐ道ができたとはいえ、宮古街道は山のなかをくねくねと行く道である。整備が行き届いていない難所も多く、隘路《あいろ》のため物流量にも限界がある。明治に入ると、人びとが鉄道の開通を望んだのはごく自然の心理だった。

「平民宰相」原敬の「山猿問答」と「我田引鉄」

明治二十五（一八九二）年、鉄道敷設《ふせつ》法が公布された時点で、盛岡と三陸地方をつなぐ路線も計画にのぼった。だが、一〇〇〇メートルを超す北上山地に鉄道を通すための工事は困難が予想され、ながいこと、現実に計画が進むことはなかった。

この状況が変わったのは、岩手（盛岡＝旧南部藩）出身の原敬《はらたかし》が首相となった、大正九（一九二〇）年のことである。

原敬は、鉄道事業に力を注いだ。第二代の鉄道院総裁をつとめるとともに、首相になってからは鉄道院を鉄道省に格上げし、日本全国各地に鉄道を張り巡らせたのである。

同じ岩手県出身の後藤新平は、初代の南満州鉄道総裁や初代の鉄道院総裁をつとめており、やはり鉄道に力を入れた。中央からの交通の不便さが、東北の文明化をおくらせている、と考えたのであろう。

だが、原と後藤は、鉄道行政においてその意見を異にした。それが「改軌《かいき》論争」である。

日本の鉄道は、明治の発祥期にレール幅を一〇六七ミリメートルと決定した。だが、当時も今も、欧米での標準は一四三五ミリメートル。前者を狭軌《きょうき》、後者を広軌《こうき》ないし標準軌というが、狭軌は広軌と比べてスピードや輸送力の点で劣ることが問題視されていた。

なぜ、日本で狭軌が採用されたかをはっきりと示す史料は、残されていない。狭軌のほうがレールの敷設や車両建設コストを安く抑えられるからという見方もあるが、真相はわからない。

ただ、日本に鉄道技術を教えたイギリスは、自国およびみずからが直轄する植民地は別にして、アジア鉄道をみな狭軌にした。このため、日本の鉄道技術は、後年、アジア諸国にそのまま輸出できたのである。

日本では当時から、狭軌を標準軌に改めるべきだとする「改軌」を求める動きがあった。明治三十九（一九〇六）年に設立され、後藤が初代総裁を務めた南満州鉄道は、標準軌を採用した。もとは、ロシア帝国が敷設した標準軌よりも広い軌間のレールが使われていたが、標準軌が採用されていた朝鮮半島との一体輸送のために、後藤は標準軌への「改軌」を決めたのである。

後藤新平は、明治四十一（一九〇八）年、国有鉄道経営のため鉄道院初代総裁に就任した。かれは、日本本土も、満州と同じく標準軌に改める案を打ち出し、一部地域ではやくも実行した。

これに対し、原敬の率いる立憲政友会が反対を唱えた。原は、改軌して高速化・大量輸送化を図るよりも、地方に鉄道を延伸して建設したほうが国に利するところ大きい、と考えた。後藤が唱える「改主建従」派と、原が主導する「建主改従」派は激しく意見を戦わせた。明治四十四（一九一一）年八月、原が内務大臣と兼任で鉄道院総裁に就任することになり、両者の対立は決着を見た。原の主張どおり、各地に鉄道の敷設が進められるようになったのである。

大正七（一九一八）年には、日本初の本格的な政党内閣である原内閣が誕生した。原はこのとき「平民宰相」とよばれた。大正九（一九二〇）年、原は鉄道院を鉄道省に昇格させ、全国各地に百四十九路線、総延長一万キロメートルに及ぶ鉄道を敷設する「鉄道敷設法改正案」を議会に提出した。岩手県内陸の盛岡と太平洋岸の宮古を結ぶ鉄道、すなわち山田線もこの計画のなかにあった。

同年七月十七日と二十八日の貴族院会議で、この改正案に対し、野党の憲政会から猛烈な反対意見が出た。発言の主は、後藤新平の腹心で、第二代満鉄総裁を務めた中村是公《ぜこう》である。中村は夏目漱石の親友で、漱石を満州の旅に招待した。その結果、漱石の『満韓ところどころ』が生まれたのである。是公はのちに、後藤と同じく東京市長をつとめている。

それはともかく、中村是公は、原が地元に山田線を引こうとしている計画を批判して、こういった。

「そんな山奥に鉄道を敷いて、山猿でも乗せる気ですか」

これに対して原は、

「よく調べてもらえばわかることですが、日本の国有鉄道法では、山猿は乗せないことになっています」

と、平然と答えた。まことに人を喰った答弁である。

山田線の建設予算審議のなかで、中村を中心とする反対派が修正案を提出した。この修正案に対する投票は、総数二八三、反対一八〇、賛成一〇三。これによって憲政会の修正案は否決され、原案どおり建設が進められることになった。

山田線に乗る

わたしは今回、宮古の北にある田老町と南にある姉吉を同日のうちに見ようとして、盛岡から宮古への山田線に乗車した。これは、原敬の功績をたたえるためではなく、大震災後の宮古に行くには、この山中を通る山田線に頼るしか方法がなかったのである。

山田線の工事は、大正九（一九二〇）年のうちにはじまった。だが、この計画を推進した原は、翌大正十（一九二一）年十一月四日、東京駅で鉄道省の職員・中岡艮一《こんいち》に刺され、路線開通を見ることなくこの世を去った。暗殺の動機ははっきりしていない。鉄道の敷設を推し進めた原が鉄道の東京駅頭で鉄道省の従業員（大塚駅の転轍手《てんてつしゅ》）によって命を落とすとは、歴史の皮肉を感じさせないでもない。

ともあれ、こうした歴史を経て、山田線は大正十二（一九二三）年、盛岡からおよそ一〇キロメートルの区間で営業をはじめた。その後、区間はすこしずつ延伸され、昭和九（一九三四）年に至り、内陸の盛岡と海に面した宮古がつながったのである。牧庵鞭牛の悲願が、百五十年あまりの時を経て、かたちを変えて現実のものとなった。

「力の政治家」ともよばれる原の功績に対しては、一方で批判も多い。鉄道を敷くことで地元の支持を集める政治手法は、我田引水ならぬ、「我田引鉄」と揶揄《やゆ》もされた。現代にもつづく、地元への利益供与という問題の芽を生んだという見方もできなくはない。

現代の山田線は、中村是公が批判したように、全国でも屈指の赤字路線になっている。盛岡—宮古間に一日四往復しか列車が走らず、平行する宮古街道を走る路線バスに、輸送の主力を奪われているのである。昭和四十六（一九七一）年には、盛岡発宮古行きが一日八本、宮古発盛岡行きが一日九本と、一日八・五往復の本数があったのに、この四十年で運行数が半分に減ってしまったのである。

なお、盛岡と宮古のあいだ、盛岡から三分の一ほどのところに、「区界《くざかい》」という駅がある。標高七四四メートル、東北地方でもっとも高いところにあるこの駅は、その名のとおり区の境界で、盛岡市と宮古市の境に位置している。海に面する宮古市とはいっても、ここは深い山のなかにある。地名の由来としては、盛岡から見た区の境ということだろう。山田線はそれほど深い山中を走るのである。

流された山田線の鉄橋

宮古には、盛岡から山田線――震災後すぐに復旧した――で向かった。深い山に分け入るように走る山田線の車窓からは、大震災の地震によって山が崩れ、ところどころで杉の木が倒れている様子が見られた。大震災における盛岡市と宮古市の震度は、震度五強であったと観測されている。杉は根を深く張ることはない。二〇メートルの高さがあっても、根の深さは一・五メートルほどでしかない。わずかでも土が崩れると、杉の木はストンと倒れてしまうのである。

宮古市では、町の中央を閉伊《へい》川が流れている。山田線や宮古街道に平行して流れ、宮古市街地で宮古湾に直角に注いでいる。今回、閉伊川を遡上した津波は、河口から二キロメートル、宮古駅のところにまで到達した。その途中では、三メートルほどの高さの護岸堤防を越えて市街地を直撃したのである。

河口付近にある市役所には、二階近くまで津波が押し寄せ、市役所につながるループ式の

破壊された閉伊川に架かる鉄橋

歩道橋にいた人だけが辛うじて津波の難を逃れた。

そして、津波は閉伊川に架かる山田線の鉄橋をも押し流した。宮古駅と磯鶏《そけい》駅のあいだに架かる鉄橋が破壊され、復旧のめどはまだたっていない。なお、宮古湾にはもう一本、南から津軽石川が流れ込んでいる。宮古湾は「金角湾」のように港の奥行きが深く、その先細っていった先が津軽石川である。そのため、津波は威力を増し、七メートルの水門をやすやすと乗り越えて津軽石や赤前《あかまえ》の家々を押し倒した。津軽石の町は、宮古から山田線の延長上にある。

盛岡―宮古間を東西に走る山田線は、宮古駅を過ぎると、閉伊川を越えて南下し、津軽石、陸中山田（山田町）、大槌（大槌町）を経て釜石までつづく。はじめの路線計画区間は宮古までであったが、山田に海軍の予備港があったことからここまで延長され、後に釜石まで延伸された。釜石までの区間が全通したのは昭和十四（一九三九）年のことである。この宮古から釜石までは、今回の津波の被害をいちばんうけた海岸線である。

山田町と大槌町は、人口に対する死者・行方不明者数の比率が非常に高かった。陸前高田に似て平地が多く、漁業よりも農業が盛んな山田町は、人口一万八千人あまりのうちの八百人弱、四パーセント強が死亡・行方不明になったのである。

一方、大槌町は、津波の遡上高が一一・八メートルと岩手県内ではそれほど高くはなかった。しかし、大槌川は北の小鯨山《こくじらやま》四五八メートルと、南の城山《しろやま》一四一メートルに挟まれた典型的な「潮入川」だったため、市街地の五二パーセントに津波が浸水した。五〇パーセントを超える浸水率は岩手県唯一で、被害がその分だけ広範囲に及んだ。人口一万五千人あまりのうち、死者・行方不明者の数は千三百人を超え、人口の一割近くが犠牲になったのである。

宮古市のパチンコ店の異常な繁盛

宮古駅周辺には、二つのシティホテルがある。二〇一一年十月五日、宮古に着いて、観光案内所で案内されたその二つのホテルには、瓦礫の撤去や道路工事の労働者が大勢泊まっていて、空室がなかった。閉伊川を渡り、磯鶏《そけい》駅の近くにあるホテルで宿をとった。四月のときは、このホテルも被災していて、営業していなかったのである。

ホテルのすぐ裏手には、宮古湾から二〇〇メートルほどの駐車場や材木置場をへだてて、高さ五～六メートルの防潮堤がつくられている。宮古市を襲った津波はやすやすとその防潮堤を越えた。地震発生時に外出していたホテルの主人は、津波が来ることを知って急いでホテルに戻ったが、建物に逃げ込んだのも束の間、見る間に一階部分が浸水し、命からがら二階へ逃れたという。フロントや調理場があった一階は壊滅的な打撃を受け、一時は廃業を考えたらしい。しかし、急ごしらえで二階にフロントと仮の調理場を用意し、復旧工事に携わる人や、わたしのように宮古市を訪れる人の宿泊需要に応えている。

ホテル周辺の建物も、一階部分はすべて水に浸かり、町はいまもその機能を失ったままだ。鉄橋が流され、列車が通らなくなった山田線の線路は、海水に浸ったため錆《さ》びはじめ、草も生えっ放しの状態である。二〇一二年に入っても、鉄道復旧のめどはたっていない。

ホテル裏手の防潮堤の海側に広がる敷地の半分は、神林木材港の木材置き場として使われていた。山田線で運ばれてきた内陸部の木材を保管し、港へ積み出すための広場だ。併設する駐車場には、いまもたくさんの車が並んでいるが、周辺には人の賑わいが感じられない。よく観ると、並んでいるのは、津波に襲われて壊れた車ばかりだった。車そのものに私有権があり、また、なかには車内に金品が残されている場合もあり、無断で処分することはできず、復興を妨げる要因の一つになっている。これは、他の被災地のばあいも同じだ。

磯鶏駅の周辺では、異様な光景が目に飛び込んできた。平日の日中、パチンコ店の駐車場にたくさんの車が並んでいるのである。ここにあるのは津波で故障した車ではない。パチンコをしに、大勢の人が訪れているのである。

このあたりは、漁港のみならず、あらゆる施設や商店が被害を受けたため、仕事らしい仕事がない。地震と津波を生き延びた人も、働きたいのに働く場所がない。その一方で、罹災《りさい》者のもとには、義援金や補償金が配られはじめている。

だが、復興計画ができるまで、岩手県も海辺に家を建てることを制限した。仕事もなければ家も建てられない。やることもなく、ただ時間だけが流れていく。その状況に耐えかねた

津波で壊された自動車

人びとが、パチンコ店に足を運び、金を費やし時間をつぶしている。廃墟のような静かな町で、パチンコ店だけが栄えている。このような事態が続けば、人心はまちがいなく荒れるだろう。被災地の雇用をどのように回復するのか。政府は、被災者に将来の希望を与えなければならない。緊急な対応が急がれる。

なお、東北地方の銀行には、十兆円規模の資金が滞留しているともいう。家を建てることもできず、使い道のない義援金や補償金が預金されているのだ。そのすべてがパチンコに流れることはないにしても、被災地の人びとの目が建設的な方向に向かうよう、一日も早く適切な政策が実行されることが望まれる。

宮古湾

土方歳三と東郷平八郎が戦った「宮古湾海戦」

宮古湾は、縦に細長い形状をしている。序章でふれたように、ウラジオストックやイスタンブールの金角湾に似た、天然の良港、ある意味では軍港の条件を備えている。この宮古湾では、戊辰戦争の終わりころ、「宮古湾海戦」がくりひろげられた。

榎本武揚《たけあき》率いる旧幕府軍は、北海道で箱館共和国を創設し、維新政府軍と徹底抗戦の構えをみせた。だが、新政府軍との戦力差は歴然としており、起死回生の策として、宮古湾に集結していた維新政府軍の艦隊を襲撃することに決めた。新政府軍艦隊のなかには、薩摩の春日丸艦長である若き東郷平八郎もいた。

旧幕府軍の土方歳三《ひじかたとしぞう》（もと新撰組副長）によって率いられた回天丸は、アメリカ国旗を掲げて宮古湾に進入し、新政府軍の艦隊に接近した。新政府軍は、その国旗を見てアメリカ船が入港してきたと思い込んだ。目のまえに迫った軍艦が突如、アメリカ国旗を日章旗に変えた。東郷平八郎はそれを見てやっと、これが旧幕府軍の襲撃であることに気づいた。当時の『万国公法』では、公海上で他国の国旗を掲げることが認められていたため、可能な作戦だった。

だが、時すでに遅く、敵艦が接舷し、土方歳三をはじめとする乗組員が刀で斬り込んできた。備えを欠いた新政府軍は、旧幕府軍の奇襲に一時劣勢に立たされたものの、実力には圧倒的な差があった。次第に形勢は逆転し、回天丸はやっとの思いで宮古湾から離脱して、箱館に戻ったのである。

土方と東郷が戦った宮古湾の最奥部には、津軽石川が注ぎ込んでいる。湾の奥深く、河口に広がる宮古市の津軽石地区であるが、さきにのべたように、ここは津波できわめて大きな被害を受けた。

三陸海岸沿岸部のほとんどの町は、明治と昭和の大津波の経験から、防波堤・防潮堤を築いている。東日本大震災の津波のまえでは無力なものも多かったが、宮古市より北にある下閉伊郡の普代村では効果を発揮した。一方、津軽石では、防波堤・防潮堤を築いておらず、水門以外はその備えを欠いていた。津波や高潮を防ぐために津軽石川の河口に七メートル高の水門が幅一〇〇メートルで設けられていた。しかし、宮古湾の奥深くまでたどり着いた津波のまえではなす術《すべ》がなかった。海岸線から一キロメートルほど奥の高台にある宮古工業高校の校庭にまで津波は到達し、周辺の家屋は土台を残して、すべてなぎ倒されたのである。

「ここより下に家建てるな」

宮古市重茂《おもえ》地区の姉吉は、宮古湾を外海の太平洋から遮蔽《しゃへい》するように突き出た重茂半島の付け根に位置している。本州最東端の魹《とど》ヶ崎《さき》にも近い位置にある。半島の付け根のもう一方、内海側に位置するのが、さきにふれた、宮古湾最奥部の津軽石である。

この姉吉は、典型的なリアス式海岸の狭い狭い入江である。入江の北と南は四六九・一メートルの魹山と、一六四メートルの小山の切り立った断崖で、その狭間《はざま》に谷川が流れこむ小さな漁港といった風情である。ここへの津波の遡上高は、かつて観測史上最大の四〇・四メートルを記録している。今回、観測史上二番目の三八・九メートルという遡上高を記録したのも、ここ姉吉地区においてだった。

このように、姉吉地区には三月十一日、すさまじい高さまでの津波が押し寄せたが、幸いなことに、十一世帯三十人ほどが暮らす山中の集落のなかで、津波による犠牲者は一人も出なかった。明治・昭和の三陸大津波で集落が壊滅的な打撃を受けた教訓を踏まえ、集落の住居すべてを、海抜一〇〇メートル程度のところに集団で高台移転した成果である。
海抜六〇メートルほどのところには、津波の被害を伝える次のような「大津浪記念碑」が建てられている。

高き住居は子孫の和楽なり
思え惨禍の津波
ここより下に家建てるな

姉吉は、山間に棚田をつくることもできず、山のなかにあっても漁業が中心の生活である。明治と昭和の大津波のさい、人びとは漁業に便のいい漁港周辺に暮らしていた。集落の規模は、いまと同程度であったと想像される。そのうち、明治の大津波では生存者はわずかに二人。昭和の大津波でも生存者は四人しかいなかった。

姉吉の「大津浪記念碑」

姉吉の狭い入江。舗装道路も流された。

海抜一〇〇メートルを超える山中の集落から入江への移動には不便さがともなうが、車で降りれば、数分である。何よりも人命を重んじ、六〇メートル以下の低い場所に家を建てなかった先人たちの決意のほどがうかがえる。その決意の固さがさきの石碑にしっかりと刻まれているといっていい。集落一大きな建物の漁協が山のなかにあることも、その決意の固さを端的に示している。

とはいえ、この姉吉とて今回の大震災では無傷ではなかった。集落そのものは被災を免れたものの、入江の漁港は大きな被害を受け、倉庫十棟とともに漁具のほとんどを津波にさらわれた。港につくったホタテとアワビの養殖場も破壊された。また、地震発生時に集落の外にいた一人の住人と連絡が取れず、行方不明のままだ。

だが、姉吉地区の集落に暮らすほとんどの人が生き延びることができた。漁港は被害を受けたが、漁業の技術は人とともにある。資金のめどさえつけば、漁業を再建することができる。すでに、木造の集団作業場ができている。そして、生き延びた人たちによって、この地で漁業で暮らすことの意味とともに、津波の破壊力と恐ろしさを後世に伝えていくこともできる。そこに、重茂半島で暮らすことの希望を見出すことができるだろう。

田老町の「万里の長城」

他方、明治と昭和の三陸大津波で同じく壊滅的な被害を受けながら、姉吉地区とまったく異なる対応をとったのが、宮古市の最北部に位置する田老町だ。平成十七年の合併で宮古市に繰り入れられた。

この田老地区も、典型的なリアス式海岸の入江の漁港である。明治の大津波では、一五メートルの津波に襲われ、死者・行方不明者は千八百五十九人、生存者はわずか三十六人であった。昭和の大津波では、津波の高さは一〇メートル、千八百二十八人の生存者がいたが、死者・行方不明者は九百十一人を数えた。

二千人単位の人びとが暮らしていける豊かな漁港と、広い平地をもつ田老地区の入江は、数十人しか住めない姉吉地区と比べると、はるかに大きい。明治の大津波でほとんど人がいなくなったが、その平地の広さは東北の人びとを惹きつけ、津波被害から時間が経つと人びとが家を建てはじめた。

かつて村山内閣で防衛庁長官を、小渕内閣と森内閣で農林水産大臣を務めた自由民主党の衆議院議員の玉澤徳一郎さんは、ここ田老地区の出身である。かれの話によれば、米問屋を営んでいた祖父が、明治の大津波の後に、北隣の岩泉町から田老地区に移り住んだのだという。津波が来たことは当然知っていたが、生活が成り立つ手付かずの土地が目のまえにあれば、そこを使って利益を得たくなるのが人間の欲、もしくは性《さが》というものなのであろう。

そういう人びとの生活を守るため、昭和の大津波の直後、当時の関口松太郎村長が、田老地区に防潮堤を築く政策を推進した。高所や他地区への移転の話もあったが、それを斥《しりぞ》けての決断である。その結果、高さ一〇・五メートル、総延長二・四キロメートルの田老地区の「万里の長城」がつくられた。

長城の建設には長い年月が費やされた。Xの字の形をした二重の堤防は、陸側部分が昭和の三陸大津波の翌年、昭和九（一九六二）年に着工し、昭和三十二（一九五七）年に完成した。そして、海側部分は昭和三十七（一九六二）年に工事がはじまり、昭和五十三（一九七八）年に工事を終えた。

高さ一〇・五メートルの防潮堤を越えた

この「万里の長城」は、昭和三十五（一九六〇）年のチリ地震津波では威力を発揮したが、東日本大震災では高さと強さが及ばなかった。津波は、まず海のなかの防波堤を破壊し、海側の防潮堤の一部を破壊したうえで陸側の防潮堤をも乗り越え、地区の中心部に壊滅的な打撃をもたらした。

人口四千四百三十四人の田老町で、死者・行方不明者は二百人近くにのぼった。その被害者数は、宮古市全体での死者・行方不明者五百四十名近くのうちの三分の一を超える。また、田老地区では全壊家屋数が千六百戸を超えたが、その数は、宮古市全体での全壊戸数三千六百六十九戸の四割以上を占める。田老地区の被害の大きさのほどがわかるだろう。

人家の多くは、その痕跡すら残すことなく海へ流され、田老地区で一番頑丈な建物であっ

「万里の長城」と呼ばれた大防潮堤が崩壊した宮古市田老（2011年3月27日）
岩手日報社刊『特別報道写真集 平成の三陸大津波』より

た病院も破壊された。病院はいまも放置されたままである。X字内の堤防の内側に残っている建物は、コンクリート四階建てのホテル一軒だけで、これも無人のまま放置されている。X字型の海側にあった魚市場も跡形がなくなっている。

田老漁港には、多くの港湾と同様、海上にも防波堤が築かれていたが、津波の破壊力のまえに無残なまでに破壊されてしまった。海中にいくつかのコンクリートの小島が散らばっている、といった惨状である。田老地区の惨状は、何重もの人工構築物が、自然の猛威のまえでは無力であったことを示している。

巨大な人工構築物が自然の猛威のまえに屈したのは、なにも田老町だけの話ではない。宮古から田老地区に行く途中の名勝、浄土ヶ浜でもコンクリートの海浜道路が破壊され、津波から五カ月たった浄土ヶ浜だけが何事もなかったように静まり返っていた。

田老の「万里の長城」と同じように、釜石港でも、平成二十一（二〇〇九）年にギネスブックに載った巨大な湾口防波堤が破壊された。深さ六三メートルの水深をもつ、海中に深く根差した、高さ一〇・五メートルの港湾の砦《とりで》であった。釜石湾から大渡川へと遡上する津波を防ぐための巨大防波堤である。

釜石は、鉄で栄えたまちだ。鉄鉱石を運ぶ喫水線《きっすいせん》の深い巨大タンカーが着船できる港は、

田老町の防潮堤の内陸側。家がない。

釜石の発展を支えた。だが、昭和三十年代後半から製鉄所の合理化が進められ、町は衰退の一途をたどっている。巨大な湾口防波堤は、衰退しつつある町の現況に比して異常な巨大さを呈していたが、三十年の歳月をかけて建設が進められた。三年まえの平成二十一（二〇〇九）年に工事が完了し、ギネスで「世界最深」と認定されたこの湾口防波堤であったが、大津波のまえには脆《もろ》くも崩れ去る結果となったのである。

宮古の田老町も、姉吉と同じ小さなリアス式の入江であったならば、高台への移転を決断していたのかもしれない。田老の町の各所では、明治と昭和の大津波の被害の大きさを記す立て看板を目にすることができる。にもかかわらず、海辺に利用できる土地の広さをもつがゆえに、人びとはこの海辺に住むことを選んだのだった。

田老町には、津波の被害を免れた山際の家屋が百戸ほどぽつぽつと残っているが、まちの機能の多くは失われたままである。生き延びた人びとがこれから先を生きていくためにも、まち全体をどう再建していくかが大きな課題である。堤防をさらに高く、二〇メートルにするという話も、政府の復興構想会議において工学関係者から出たようだが、ここで同じ轍《てつ》を踏んではならない。人工構築物で自然災害を防ぎきることはできないという前提で、再建を考えるべきときが来ているのだ。

第三章

福島編——断崖がつづく

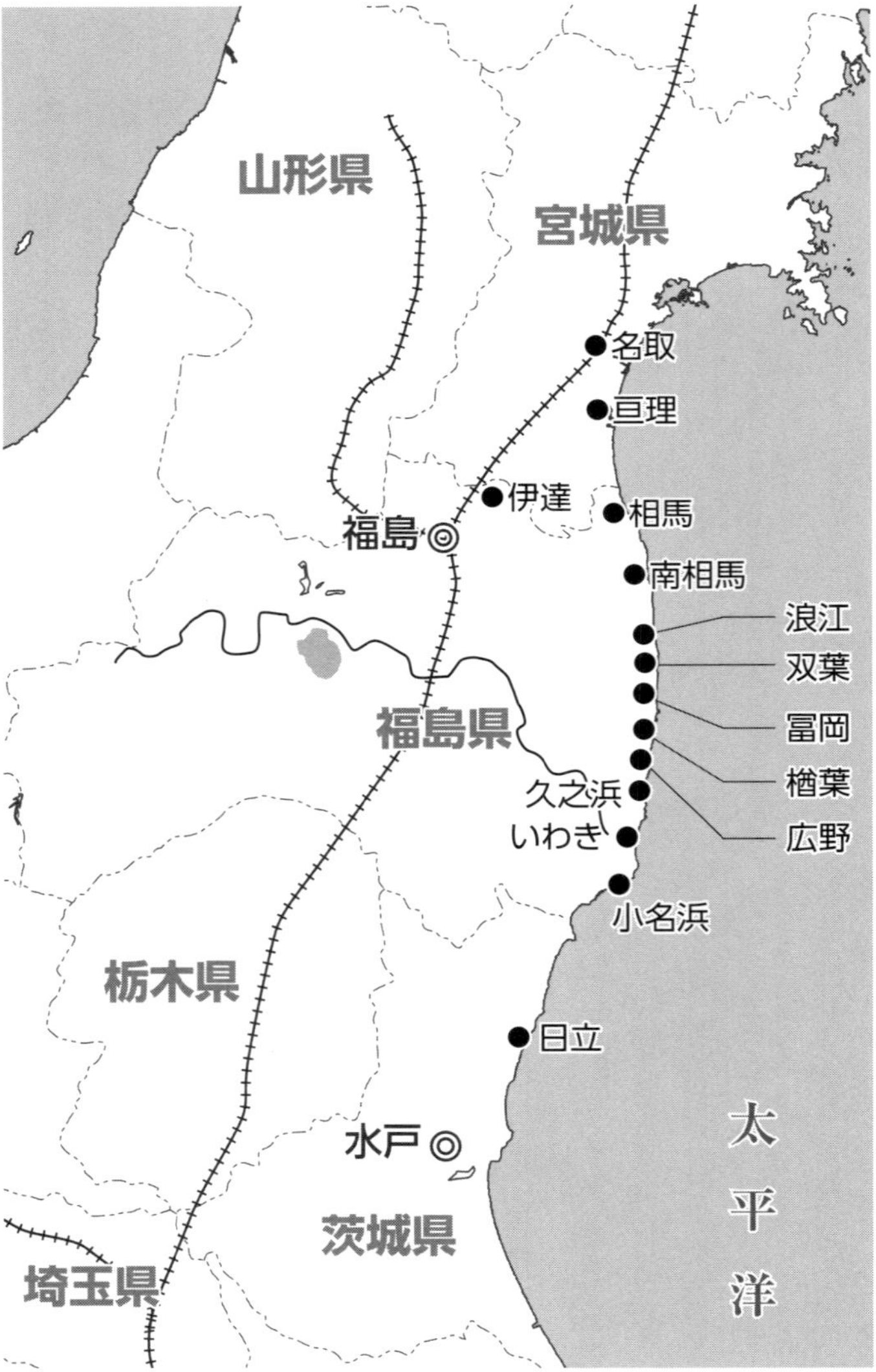

山形県
宮城県
名取
亘理
伊達
相馬
福島
南相馬
浪江
双葉
冨岡
楢葉
広野
福島県
久之浜
いわき
小名浜
栃木県
日立
水戸
太平洋
茨城県
埼玉県

広野・久之浜・勿来《なこそ》・塩屋崎

断崖のつづく海岸線を走る常磐線

二〇一一年十一月、福島の海岸線の「いま」を見るべく、わたしはJR常磐線に乗った。常磐線は、二〇一一年十月十日に、震災後運転を見合わせていた久ノ浜《ひさのはま》駅から広野駅までの区間で運転が再開された。上野駅からいわき駅で乗り継ぎ、福島第一原発の二〇キロメートル圏内の一歩手前の広野駅まで到達できるようになったのである。

広野駅より先は立ち入り禁止区域であり、当然、列車の運行もない。上野駅からいわき駅までは特急で二時間強、そこで特別ダイヤの普通列車に乗り換えて、久ノ浜で下車し、福島の海岸線を見て回った。

常磐線は、水戸駅までは平野部を走っている。水戸を越え、日立駅の一つ手前、常陸多賀駅からいわき市に入った勿来《なこそ》駅周辺まで、線路は海岸線に近い小高い山の上を走るようになり、数十メートルの距離で海岸線に迫る場所が増えてくる。海抜にして、一〇～二〇メートル程度の丘陵だろうか。眼下に海が見えるようになる。線路の向こうに国道六号の陸前浜街道の道路一本を隔てて、すぐ海に接しているのである。

福島の断崖に接する海岸線は、茨城の北部からその様相を呈しはじめている。ときおりトンネルに入るものの、トンネルを通り過ぎれば再び眼下に海が見える。常磐線はまさしく「海やまのあひだ」を走る鉄道といっていい。

原敬《はらたかし》が岩手出身であることはすでに第二章でふれた。原が生まれた当時は南部藩で、ふつうは福島の中通りを歩いて江戸に向かった。もっとも、原の最初の上京（明治五年）は仙台までが歩きで、その仙台の萩の浜から汽船に乗ったことが知られている。まだ東北本線はできていない。原敬が暗殺された直後、一冊の伝記『平民宰相　原敬』が刊行された。書き手は井上雅二というアジア主義系の人物である。

井上は、原の伝記のなかで、常磐線から見える明治のころの福島の海岸線――とくに勿来の関――の風景を描いている。その描写はやや大仰であるが、福島県に入ったあたりの険しい海岸線の風景を象徴していて、常磐線に乗ったわたしが、井上の記述をありありと思い浮かべたほどである。常磐線の上野から盛岡まで行く途中の車窓の風景を、井上は次のように記述している。

上野から常磐線に乗って、仙台・青森地方に向かったとする。其《そ》の時、先《ま》づ東北第一の関門なる、常陸《ひたち》と磐城《いわき》の国境なる、勿来《なこそ》の関《せき》付近の、東海岸を見よ。其の怒濤天に冲《ちゅう》して（突きあたって）、太平洋の空を搏《う》つ、雄大険奇の壮観を観るとき、和風麗日の天然、若《も》しは南国的海岸気分のみに浸る旅客は、慥《たちまち》に消魂し、神戦《おのの》く底《てい》の怖れを催すに違いない。況《いわ》んや金華山《きんかざん》沖の激浪、……。

なお、井上は同じ伝記のなかで、東北人の気質を紹介している。東北地方は風土が厳しすぎるため、その風土に必死に耐える気質が育まれ、風土に立ち向かい支配しようという精神の強さがない、そのため英雄が出ない、と東北人を評している。原は、その東北が生んだ忍耐・辛抱の人物であった、とも。

灘のような福島の海岸線の「いま」

福島県に入る手前、茨城県の大津港駅からほどないところに、五浦《いつうら》がある。ここに、かつて岡倉天心が建て、横山大観が海の風景を描いた六角堂があった。海と崖が接する岬の一角に建てられた六角堂は、今回、津波の直撃を受けて土台だけを残して消失した。六角堂の建っていた岬の岩山は五メートルの高さをもっていたが、津波はこの上に建つ六角堂をやすやすとさらっていったのである。六角堂を保有・管理していた茨城大学は最近、六角堂の復元を決めたという。

福島県に入って最初の駅が、勿来駅である。駅の近くには、平安時代から有名な常陸と陸奥の境にある関所、「勿来の関」がある。山のなかにある関所であるが、海潮が崖に押し寄せる音が聞こえ、そして下方に海が見える。福島の入り口にふさわしい、海がまぢかに迫った福島の海岸線を象徴する風景である。

勿来駅を過ぎ、植田駅の周辺には河口沿いの平地が広がるが、そこから先しばらくは海岸線を離れ、列車が山のなかを進む。

いわき駅の南東一〇キロメートルあまり、いわき市豊間《とよま》地区には、映画『喜びも悲しみも

久之浜の破壊された防潮堤と住家の跡

幾歳月』の舞台――もう一つの舞台が志摩半島の大王埼《だいおうざき》灯台である――となり、美空ひばりの『みだれ髪』の歌詞にも登場する塩屋崎の灯台がある。切り立った岸壁にそびえる灯台には年間十数万人が観光に訪れるという。隣接する二つの海水浴場と合わせると年間三十万人前後を集める豊間地区は、福島県有数の観光名所らしい。

その豊間地区の平野部が津波に襲われた。この地に暮らす約六百世帯二千人のうち、七十七人が亡くなり、八人が行方不明となっている。家屋の倒壊は約四百戸。地域の人びとは、悲劇を繰り返さないため、高台あるいは今回津波が及ばなかった地域への全戸移転とともに、七・二メートルの防波堤の建設と、さらに二メートル高い防災緑地の整備を決めた。観光用の店舗は海辺に再建するが、観光をどのように復活させるかがこれからの課題である。

いわき駅を越え、草野駅、四ツ倉駅の周辺に広がる平地を過ぎると、久ノ浜駅、末続《すえつぎ》駅を経て広野駅までは、小高い山のなかを縫うように鉄道が走る。福島らしい断崖のつづく海岸線を避けて、鉄道がゆくのである。

久ノ浜駅は幾分か低い平地にあり、海が見えるような近さにあるが、土手のような盛り土の上を走る常磐線の線路は、数ヵ所で、津波に対して土堤防の役割を果たした。つまり、線路を境に山側と海側で、被害の明暗が分かれたのである。久ノ浜駅の線路より海側の浜辺では多くの家が流され、四十人ほどの住民が亡くなった。ここは浜辺ではあるが、漁港の町ではない。

久之浜に、福島県のなかでも数少ない港がある。福島県の大きな漁港は、北の相馬港と、南の塩屋崎のなお茨城県寄りの小名浜《おなはま》港の二つだけである。

あとは断崖がつづき船が着く漁港に適した海岸はない。灘——つまり湊のつくれない海岸——がつづいているようなものだ。

Ｊヴィレッジから見た広野火力発電所。その先に海が見える。

はしけが不要になった金の浜

久之浜の北端の金の浜の港に、地震でちょっとした変化が起きた。水深の浅い小さな漁港が、地盤沈下で水深が増し、大型の船が港へ入れるようになった、というのである。久之浜近傍の山で削り出した山砂はこの浜から三宅島へ運ばれているが、かつてははしけ（陸と停泊中の本船との間を乗客や貨物を乗せて運ぶ小舟）を使って大型船に積み込んでいたのが、港が陥没して水深が深くなったので大型船の進入が可能になり、はしけの必要がなくなった。

久ノ浜駅の二つ先の広野駅は、原発事故による立ち入り禁止区域のすぐ手前にある。駅から車で十分ほど北へ行くと、東北電力の広野火力発電所と、サッカー日本代表の合宿地として知られるＪヴィレッジにたどり着く。Ｊヴィレッジは、警戒区域との境目にある。施設の北半分の樽葉町は、福島第一原発から二〇キロメートル圏内の警戒区域内で立ち入り禁止、南半分の広野町までは立ち入りが許されている。Ｊヴィレッジの北側の道路が、二〇キロの境界にあたっているのである。いま、Ｊヴィレッジは、原発作業員の拠点として使用されている。

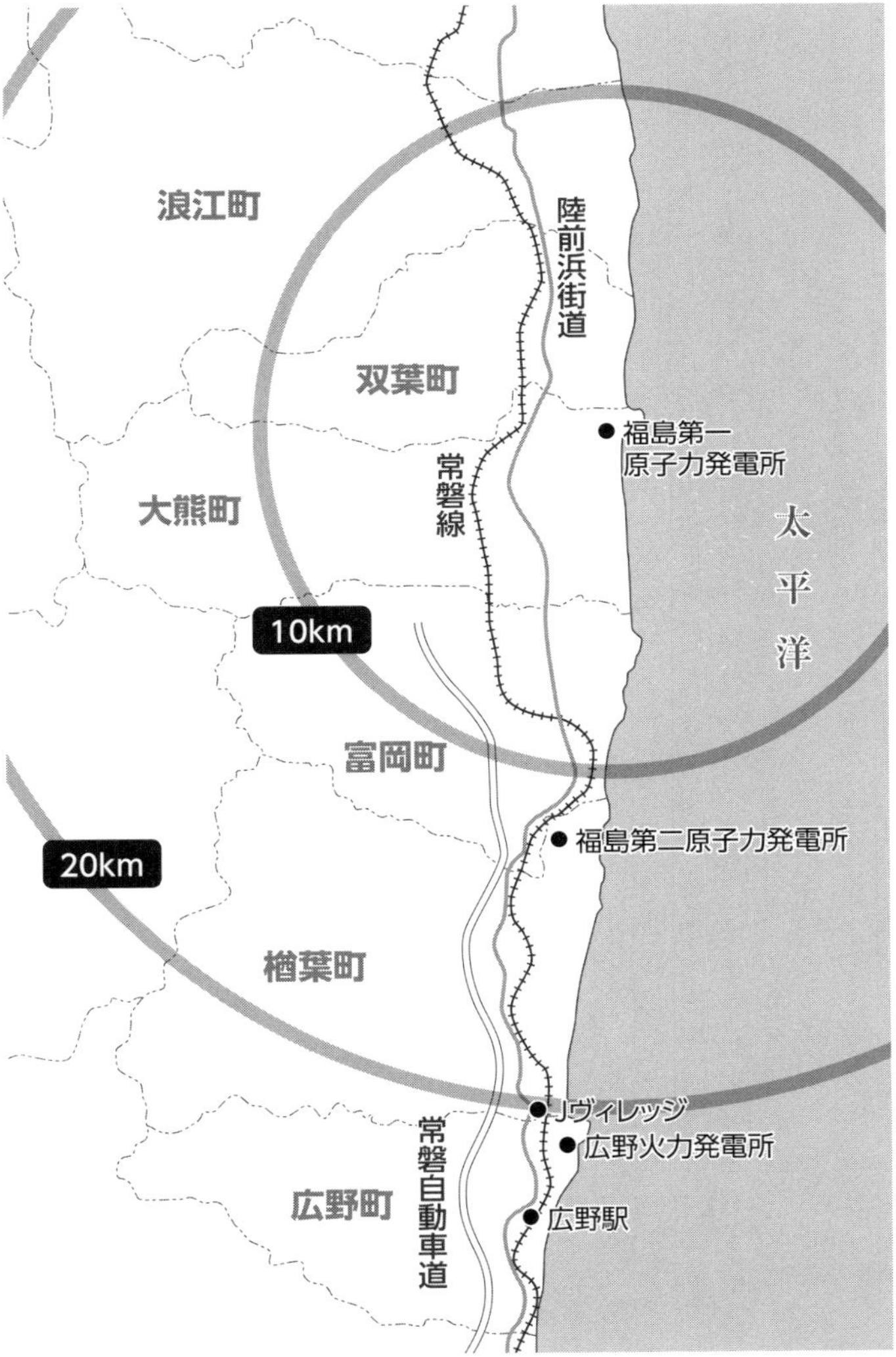
浪江町
陸前浜街道
双葉町
福島第一
原子力発電所
常磐線
大熊町
太平洋
10km
富岡町
福島第二原子力発電所
20km
楢葉町
Jヴィレッジ
広野火力発電所
常磐自動車道
広野町
広野駅

Jヴィレッジの位置

福島第一原子力発電所

「フクシマ」の悲劇の一因

アメリカ、ヨーロッパ、ロシア、中国、インドなど、世界の原子力発電所の多くは内陸に建っている。一方、日本の原子力発電所はすべて海岸線にある。日本の内陸部には地形を複雑にしている山が多く、傾斜があり、交通が不便で発電コストも高くなるからだ。

それに、「海やまのあひだ」にある限られた平野部には、人が密集するように住んでいる。その結果、人が住むには断崖で自然条件が厳しく、水田もできず、漁港もつくれないような、それゆえ人口のきわめて少ない海岸線が、原子力発電所の立地として選ばれることになったのである。

東北地方の太平洋岸には、福島第一、福島第二、女川《おながわ》（宮城県）、東通《ひがしどおり》（青森県）の、四つの原子力発電所がある。福島第一・第二は、東北電力の管内にはあるが、東京電力の発電所である。東京電力は、東通にも原子力発電所を建設中である。

このうち、福島第一・第二・女川の三つの原子力発電所が建つ海岸線を、東日本大震災による大きな津波が襲った。そして、福島第二と女川は、施設に大津波が迫ったものの、事故を免れた。これに対し、福島第一のみが津波の直撃を受け、大きな爆発事故を引き起こしたのである。

原発を安全に停止するには「止める、冷やす、閉じ込める」の三段階を完了する必要があるが、第一原発の一号機~四号機は、核燃料の冷却用非常電源を全喪失し、核燃料を冷やせなくなって水素爆発が起きたのである。

福島第一原発の事故は、水素爆発による放射能の漏出という大惨事を起こした。そのことによって、福島県の海岸線は、宮城・岩手と別次元の難問をかかえこむことになった。

わたしは、東日本大震災の翌三月十二日に福島第一原発の水素爆発が起こったとき、怖くて、じぶんの『海岸線の歴史』を開いてみる気になれなかった。福島県の海岸線に原子力発電所がたくさん建てられている事実を見落としていたのではないか、とみずから恐れたからである。

日本の海岸線と原発

ところが、それからちょうど二日して——三月十四日（月）のことだった。菅首相に『海岸線の歴史』を手渡す十日まえ——、日本著作権研究会というところから郵便物が送られてきた。同会は、大学などが入学試験で使った試験問題を「著作物利用許諾代行」のかたちで送ってくる機関である。試験問題のため、著作権料は発生しないが、使用したことを事後報告として送ってくるわけだ。

こういう案件は、一年に数件あるから、何気なく開けてみた。発送日が二〇一一年三月十一日になっている。大震災発生の当日である。なかに、清泉女子大学の名で、わたしの『海岸線の歴史』を文学部の国語の試験「第一問」に使った旨記し、その見本（つまりコピー）が同封されていた。そこに、福島県の海岸線と原子力発電所の関係がふれられていたのである。

問題文は三ページにわたる長いものなので、当該箇所に関わる部分だけ——試験問題文の五分の一ほど——を引用してみる。

……日本人の意識が海岸線から遠のいている。海を思い浮かべるとき、それはどこまでが日本の領海であるのかという、非常に限定的、つまり国際法的な問題意識に固定されてしまっている。そうすると、日本人のなかに伝統的に存在した「海のなかにある日本」という原感情は意味をもたなくなる、という非常に大きな文化史的な転形期に、わたしたちは現在立たされている。

海のなかにも資源がある。それは何も石油やメタンハイドレートといったものを指すのではない。海洋深層水しかり、海水に含まれる金も同様である。陸上資源が枯渇してしまえば、海水からも金はとれるのである。もちろん、コストの問題は残るのであるが……。そうなるとしかし、海をたんに自然という概念では捉えられなくなってしまうだろう。そのときには、海中および海底は、資源が埋まっているテリトリー（領土）という感じにもっと近くなるのではないだろうか。

かくして、日本だけでなく世界全体が領土ナショナリズムのみならず、資源ナショナリズムで動いていく発想が主になっていくだろう。日本は海のなかにある国だとか、日本の海はたくさんの生物を生み棲《す》まわせるとか、海を越えれば隣の国であるといった感覚がどんどん希薄になっていくのではないだろうか。（中略）今日わたしたちが海を取り戻すという発想は、わたしたち人類は海から生まれているということを念頭に置きつつ、文明というのは工業化や産業化がすべてなのか、とその文明の意味を問いなおし、自然のなかに人間の身体も社会も一度還元するという文化的発想に戻らなければいけない。それは、わたしたち日本の古い文化を考え直すことでもあるし、また現在海辺に住み、ばあいによってはそこで祈った古き時代の人びとの考えかたが近代文明を超えるパラダイム（枠組み）を考えるさい、改めて大きな意味をもつ、ということでもあろう。

つまり、海岸線にどのような変化が起きてきたか、という歴史的視点を手に入れると、近代文明が人間の生きかたと社会のありかたにもたらした変化の意味が非常によく見えてくるのではないか。そうして、日本のみならず近代の人間と社会が海岸線を失ったことの意味を、わたしたちは改めて見究めることができるのではないだろうか。

（中略）

近代にあっては、海岸線が防衛の拠点になり、貿易用の港湾になり、あるいは現代の産業の場所になった。そうして、ところによっては、原子力発電所がその海岸をも占有することになった。

原子力発電所のばあいは、放射能の漏出を恐れて、その周辺に人を住まわせていない。その結果、原発用地の海浜には観光用の道路を造ったり観光客が来たりもしないので、原発用地周辺には昔どおりの自然が残される、という逆説も生まれるわけだ。（中略）原発用地の周辺に美しい海岸線はあるけれども、その場所に人間の物語や文化が生まれなくなっている。世界の海岸線は、現在、そういった意味では非常に不幸な、ある意味では悲劇的な状況になっているのではないか。（傍点、現在の引用者）

ここには、「フクシマ」の名は出てこない。にもかかわらず、「原子力発電所のばあいは、放射能の漏出を恐れて、その周辺に人を住まわせていない」とは、福島第一原発をはじめとする、日本の原発周辺のすべての地域のことが語られているといえるだろう。

そして、二〇一一年三月十二日には、原発の爆発によって福島県の海岸線の土地には「放射能の漏出」が現実となったのである。原発周辺の間近には人が住んでいなかったけれど、原発の三キロ周辺どころか、二〇キロ、三〇キロ周辺の住民まで避難を余儀なくされたのだった。

それどころか、わたしはかつて企業につとめたときの経験から、三〇メートル高の煙突から出た亜硫酸ガスが五〇キロメートル先にストンと落ちることを知っていた。それゆえ、原発から三〇キロメートル離れている福島県飯舘村は安全、などという政府の発表（その中核は、文科省と東電）の仕方には大いに問題があると考えた。そして、当時内閣官房参与という役に就いていたから、その旨菅直人首相（当時）にも伝えたのだった。

二〇一一年三月十四日に届いた清泉女子大学の入試問題によって、わたしは、『海岸線の歴史』で原発と海岸線の関係についてみずから詳しく言及していたことを知った。それによってわたしは、福島県の、人があまり住んでいない断崖のつづく海岸線と原発とが深い関わりをもっていることを指摘していたことに、改めて気づいたのである。

福島の海岸線と原発との関係

福島県と原発の関係を、海岸線の要素からではなく、より人間的な欲あるいは性《さが》のほうから考えてみよう。

このことに対して、福島県の双葉郡といわき市から選出された、衆議院議員の吉野正芳さん（自民党）は、二〇一一年四月六日に次のように胸の内を明かしていた。なお、吉野さんは、福島に原発を推進してきた議員の一人である。その発言は、こうである（『東電帝国　その失敗の本質』志村嘉一郎著による）。

「原発を推進した一人として、大災害に遭いじくじたる思いだ。なぜ女川原発が残り、なぜ福島第二原発が冷却でき、なぜ福島第一原発だけが暴走したのか。女川が高い津波を防ぐことができ、福島第二は非常電源をプロテクトさせていた。一〇〇〇年前の貞観地震は想定していなかったようで、『事故が起きないから避難道路はいらない』というのが東電の考え方だった。これから原発を推進していくかどうか迷っている。体では『もう要らない』という立場だが、頭では『検証していく』という立場だ。立地交付金をいただいて豊かな町づくりができた。財政も豊かになり福祉もできた。これまでは原子力との共存はうまくいった。だが、これからは、『最悪、町が地球上からなくなる、というリスクがあっても原発をつくるのか』を考えねばならない。町村長からは、『今後は身の丈にあったゆるやかな地域振興をし、原発は要らない』、という言葉が出るようになった」

福島選出の議員として率直な述懐であろう。吉野さんのいうように、福島第一原発、第二原発、女川原発の差を生んだものは何であったか。端的にいえば、この差をもたらしたのは、自然災害である津波への意識の違いであった。自然〈災害〉を科学技術によって支配・統御できるという発想は同じであろうが、これに対する備え方が違っていた。

たとえば女川原発は、千年まえの貞観《じょうがん》地震を参考にして津波の高さを九・一メートルと想定し、主要施設を海抜一四・八メートルの高台に建設した。一方、福島第一原発は、津波の高さを五・七メートルと想定し、主要施設を五〇～三〇メートルあった高台を二五メートル以上削り、海抜五メートルの地点に建てた。これによって、五・七メートル波高の津波に耐えられる計算である。

実際に押し寄せた津波の高さは、女川一三メートル、福島一四～一五メートルであった。その結果として、女川は津波の浸入を防ぎ、福島第一は津波の浸入に耐えられなかった。もっとも、女川原発においても一部の施設に遡上した津波が足元まで押し寄せたが、重要な設備が機能不全に陥ることはなかった。なお、福島第二原発においては、想定津波五・二メートルに対し、主要施設の海抜は一二～一三メートルであった。削られなかった周辺の丘陵は、海抜四七メートルの高さを残している。この第二原発にも第一原発と同じ波高規模の津波が押し寄せ、施設の一部は浸水したが、非常用電源を失うことは免れた。

大震災前の福島第一原発　写真提供：共同通信社

第一原発では、非常用電源が気密性の低いタービン建屋内に置かれていたのに対して、第二原発では気密性の高い原子炉建屋に置かれていたことも、両者の被害の違いにつながった。

ここで重要なことは、施設を建設する高さは、自然的条件ではなく人間、もっというと人間の経済的論理が決めたということである。福島第一原発は、もともと五〇～三〇メートルあった丘陵地帯を五メートルまで二五メートルあまり削り、福島第二原発は、もともと四〇～五〇メートルあった丘陵地帯を一二メートルの高さにまで削ったのだった。また、女川原発は、二五メートルほどあった高台を一〇メートルほど削り、海抜一四・八メートルとしたのである。

なぜ、丘陵を削る必要があったのか。そのまま高台の上に建設していれば津波の被害を免れていたはずである。

その理由は、一つには経済性、つまりコストの問題である。冷却水や物資の搬出入などにかかるコストをできるだけ安くしよう、という経済論理である。

原子力発電所は、その仕組み上、大量の冷却水を必要とする。海岸線に建つ日本の原発は、プールの真水も海水も冷却水として使用する。ポンプでプールの真水や海水を汲み上げるには、あまりに高所だとコストがかさむ。また、燃料や資材といった重量のある物資の搬出入は、原発に船で運び込まれる。やはり、施設が高いところにあると、運搬作業のコストもその分だけ高くなる、と考えたのである。

もう一つの理由は、世界でも有数の地震多発地帯の日本列島に原発をつくることの負の側面を表している。震度四以上の全世界の地震の二割は、日本列島で起きているのである。原発は、大地震に耐えられるように、硬い岩盤の上に施設を建設する必要がある。福島のばあいは、硬い岩盤のところまで高台を削り取る必要もあったのである。

ともあれ、「フクシマ」は津波に襲われ、外部電源を喪失し爆発を起こした結果、放射能を漏出した。十カ月後の二〇一二年にも、強い濃度をもつ放射性物質から逃れるべく、周辺に住む七万人の人びとは家郷を逐《お》われている。一方、女川原発は津波を防ぎ、施設が近隣住民の避難所にもなった。津波をはじめとする自然〈災害〉への意識の差が、この大きな違いとなった。

末続・富岡町

地震と津波と原発と……

「フクシマ」の津波に対する認識の甘さは、立地の標高だけでなく、すでに若干ふれたように、原子炉の設備そのものにも表れていた。

福島第一原発は、アメリカのゼネラル・エレクトリック（GE）社が設計した。元東芝の原子力事業部門のエンジニアの小倉志郎氏によれば、GE社の設計は津波をまったく想定していなかった、ということである。小倉氏は、福島第一原発一・二・三号原子炉の冷却水系統のプラント設計に携わった技術者である。GEは、わたしの知るところでは、せいぜい三・二メートルの津波を想定していただけである。

GE社が原発の設計において津波を考慮しなかったのは、アメリカ大陸では地震と津波の危険性があまりなかったからにほかならない。多くの原発が内陸の大河沿い――冷却水の必要による――にあることに加え、その立地は、地震とは確率論的にほぼ無縁と考えられたからである。

そういうアメリカでつくられた原発を、日本は一九六〇年代、ほとんどその設計図のままに導入した。それほど当時の日本は、急いで原発の導入に着手したのである。

もとより、世界の原発は、地震の危険性が低いところに建てられている。ところが日本は、太平洋プレート、北米プレート、ユーラシアプレート、フィリピン海プレートと、四つのプレートの境目に位置している。日本列島のすぐ東には水深一万メートルに近い、深い日本海溝が口を開けている。ウォールストリートジャーナルの調査によれば、世界で稼働している原発のうち、地震活動が活発な地域にあるのは、日本と台湾にあるものがほとんどである（二〇一一年三月十九日調査時点）。

このように世界でも有数な地震多発地帯に原発を建てることじたいが、きわめて危険な行為であったといえるが、どういうわけか、津波の危険性はほとんど顧みられることがなかった。

東京電力がGE社製の原子炉を導入したことについて、『東電帝国　その失敗の本質』の著者・志村嘉一郎さんは、吉田茂の懐刀といわれた白洲次郎の関与があったのではないかと指摘している。近年人気の高い白洲であるが、志村氏の指摘が正しいとすると、結果論としてではあるが、かれが原発事故を生んだ責任者の一人ということになる。

アメリカ西海岸、カリフォルニア州にあるディアブロ・キャニオンとサン・オノフレにある合計四基の原子炉も、地震と津波の被害にあう危険性が指摘されている。西海岸沿いに、サンアンドレアス断層というプレートの境目が走っているからである。この四基はいずれも一九八〇年代に建設されたものだが、「フクシマ」の惨劇を知ったアメリカが、地震と津波の危険性にどう対処するか、が今注目されている。しかし、原発ルネッサンスを主張したオバマ政権であるから、おそらく何もしないだろう。

国土の違いが生む安全意識の違い

アメリカで地震や津波の危険性が軽視された背景の一つとして、日本とアメリカの国土の違いをあげることができるであろう。アメリカは、日本の二十五倍の広さをもつ国土のなかに、日本の三倍に満たない人口しか暮らしていない。

私は、大学を卒業してからしばらくのあいだ、ガラスメーカーで勤務していた。時代は折しも一九六〇年代末の六八年である。日本は高度経済成長の繁栄を謳歌すると同時に、その経済発展が引き起こす負の側面、つまり公害が激しさを増し、大きな問題として社会に浮上しはじめているときだった。四大公害のイタイイタイ病、四日市ぜんそく、水俣病、新潟水俣病の訴訟がはじまったのが、一九六七年から一九六九年にかけてのことである。

そういう時代状況を反映して、私は総務課の仕事の一部として、公害対策を担当していた。ガラスは、きれいなものをつくっているようでいて、その製造過程では人体に有毒な物質を取り扱っている。工場から出る排ガスは、光化学スモッグの原因となる亜硫酸ガスや二酸化炭素を含んでいる。ガラス原料を熔かして成形・冷却する工程では、ガラス原料から出る気泡の消泡剤として亜ヒ酸を使用する。原料のなかには空気が含まれていて、熔かしたときにたくさんの泡が発生するからだ。泡を含んだガラスは、板ガラスでもテレビのブラウン管でも、製品としては不良品である。そのため、人体にとっての毒物のヒ素を消泡剤として使用しているのである。これは、鉄のばあいも同じで、消泡剤に亜ヒ酸を使っている。また、カラーテレビに使うガラスには、当時ブラウン管から出る放射線を防ぐために鉛を使用していた。もちろん有害物質である。こうした有害・有毒物が排煙・排水とともに流れ出てしまっていたのである。

一九六〇年代当時、世界の製造業を率いていたのはアメリカであり、ガラス製造もその例に漏れることはなかった。そこで、わたしは世界最大のガラスメーカーであるコーニング社に、公害対策の最先端技術を仰ごうと問い合わせた。すると、驚きの回答が返ってきた。公害対策など一切していないというのである。聞けば、工場は砂漠の隣にあり、人体や環境に有害・有毒な物質は人のいない砂漠に捨てているという。広大な国土をもつアメリカ（現在の中国やロシアも同じ）だからこそできることである。日本のように、人家に近い地域に工場を建設する必要がないのである（だからといって、公害問題が発生しないとはいえない。有害・有毒物は、確実に外界に排出されているからだ）。

原発も、アメリカではガラス工場と同じ条件だろう。広い国土のなかに、人家が周辺になく、地震の危険性もない場所を探すのは難しいことではない。日本とアメリカでは、安全の前提がそもそも大きく異なっているのである。

福島原発は断崖の海岸線に建つ

そもそも、東京電力の原子力発電所が、なぜ福島の海岸線にたくさんつくられたのだろうか。

福島の海岸線は、何度も述べているように、海のすぐ近くまで断崖のような山や丘陵が迫っている。仙台平野に接する北部の相馬市や南相馬市は平地が多く、仙台平野や九十九里浜のように海岸線近くに田んぼや畑があるが、福島第一、第二原発のある中部から茨城県北部にかけては、本章の冒頭で記したように、波が断崖絶壁をあらう光景がつづく。

いわき市久之浜《ひさのはま》からJヴィレッジにむかう道路はほぼ海岸線に沿って山中を走っているが、末続《すえつぎ》の海抜九〇・三メートルの丘陵では海がほぼ真東に見える。その東の海を見下ろしながら、久之浜のタクシーの運転手が語ってくれた。

三月十一日の地震のあと、常盤線が止まったんです。そのとき、久ノ浜で電車が止まったため、すぐに第二原発のある富岡町まで帰らなければならないというお医者さんを車に乗せたんです。二十分ぐらい走ったとき、この峠にさしかかりました。海が見えるでしょう。あそこに真っ黒くて大きな津波が襲ってくるのが見えました。怖くて、怖くて……。すぐ車を富岡まで走らせました。ふつうなら一時間ぐらいで着く距離でしたが、車が混んでいて、五時間ぐらいかかりました。着いたら夜八時ごろになっていて、お医者さんが、今日はここに泊まっていけ、といってくれました。しかし、家のほうも心配だから、といって、久之浜に帰ってきました。帰りは電気も消えて真っ暗でした。誰も家から出なくなったのでしょう。車も少なく、二時間ぐらいで帰り着きました。

末続の峠を通りすぎて、久之浜のほうに下っていくと、浜のほうに火事が起きていて、大変なことになっていました。ああ、あなたも町のなかを歩いたんですか。駅から真っ直ぐ海に下がってゆくと、半分ぐらいのところに倉庫の焼け残りがあったでしょう。あの近くで津波に襲われた工場から火が出たんですね。

久之浜の南の四倉の家に帰り着いたら、もう夜の十二時をすぎていましたが、帰ってきてよかった。翌日が福島第一原発の爆発でしょう。富岡は第一原発の一〇キロメートル範囲内ですから、帰ってこれないかもしれなかった。

福島第一、第二、広野火力発電所は、すべて海に接して建てられている。それもほとんどが断崖であったところだ。そこを津波が襲い、外部電源を喪失した第一原発が爆発を起こしたのである。その結果、福島の海岸線は岩手、宮城と同じ津波被害とは別に、放射能汚染に見舞われることになった。
とくに、第一原発の北にある相馬漁港は、津波で破壊され、船が流されたばかりでなく、放射能汚染で漁が禁止されたのだった。大震災のあった三月十一日あたりには春の南東からの風が吹いている。
二〇一二年一月七日の『東京新聞』の「社説」には、南相馬市から原発事故によって逐われた渡部寛志さん（コメや卵、野菜をつくる専業農家）の話が載っている。渡部さんの自宅は、原発から一二キロメートルの距離にあり、警戒区域にふくまれている。

家の二百メートルまで迫った津波で、目前の二つの集落は残らずなくなりました。妻と子は裏山の農作業小屋で一夜を明かし、親類宅に身を寄せました。私は消防団員でもあり、翌日は行方不明者の捜索にあたっていました。そのとき、原発が爆発したのです。

渡部さん一家は翌日に郡山市に、三号機の爆発後は会津若松市に、そうして娘さんが小一になる昨年（二〇一一）四月からは四国愛媛の松山市に移っている。渡部さん一家が翌日、郡山市に移ったのは、不幸中の幸いだった。政府（というよりスピーディを管轄している文科省）

は、避難を呼びかけただけで、福島第一原発の風下、どちらの方角に逃げてはいけない、と警告すべきだった。

政府の発表も、原発から一〇キロ、二〇キロ、三〇キロと、同心円的に避難区域を分かつ、間違った方法をとった。この発表の仕方は、南東の海から陸に向かって吹く東北の春風をまったく計算に入れていないものである。かつてガラスメーカーにつとめて公害対策を担当した経験をもつわたしには、到底納得できないことだった。

ガラス熔解のためには、鉄の溶鉱炉と同じで、石油燃焼によって炉内を一二〇〇度に熱する必要がある。当然、亜硫酸ガスが発生する。排気ガスは光化学スモッグの原因となるから、その亜硫酸ガスがどこに飛んで被害を与えるか、を予測しておかなければならない。調査の結果、三〇メートルの高さの煙突から出た亜硫酸ガスは、ある一定の風を受けたばあい、三〇キロメートル先に飛んで、そこで一気にストンと地上に落ちることがわかった。そこに、いわゆるホットスポットができる。

もちろん亜硫酸ガスと、水素爆発によって飛散する放射性物質は、重さがちがう。しかし、ホットスポットができることは同じである。文科省のスピーディ――その存在を、内閣官房参与のわたしは三月十二日当時知らなかった――を使えば、どこに放射能のホットスポットができるかはわかっていたはずである。東大をはじめとする気象学界や原子力ムラの学者たちは、当然、予測できたはずである。にもかかわらず、学者たちは政府に同心円状の避難区域の発表をつづけさせたのだった。これによって、第一原発から三〇キロ以上離れた飯舘《いいたて》村などには、避難指示が出されなかったのである。

相馬・小名浜

なぜ福島に東電の原発が建てられたか

断崖には港をつくることができない。福島の海岸線の形状は、灘に近いのである。そのため、福島県の大きな漁港は、北の相馬と南の小名浜にあるのみだ。また、土地が高台にあるがゆえに水を引くこともむずかしく、そこに田畑をつくるにも適さない。福島の断崖の海岸線は、漁業も農業も拒む、人があまり住まない寒村であった。そこに、地域振興を目的として原発がもたらされたのであった。

その間の経緯が、『関東の電気事業と東京電力　電気事業の創始から東京電力五〇年への軌跡』（通称、『東電五〇年史』）に記載されている。すこし長いが、以下に引用する（『東電帝国　その失敗の本質』志村嘉一郎著より）。

〈原子力発電課を設置し、きわめて早い時期に原子力開発への取り組みを始めた東京電力は、その直後から具体的な発電所立地候補地点の選定を進めた。世界的にみると、50年代後半には火力発電の大容量化と原油価格の下落とによって、火力発電のコストが大幅に低下する見通しがついたため、原子力開発のスローダウン傾向が生じた。しかし、東京電力は、長期的には原子力発電の必要性は明らかであるとの認識に立ち、広範囲にわたって立地調査を継続した。〉

〈その結果、東京湾沿岸、神奈川県、房総地区で広大な用地を入手することは、人口密度、立ち退き家屋敷数、設計震度などの関係から困難と判断され、需要地に比較的近接する候補地点として福島県と茨城県の沿岸地域を対象に調査・検討が進められるようになった。〉

〈当時、福島県双葉郡では地域振興を目的に工業立地を熱心に模索しており、また福島県も独自の立場から双葉郡への原子力発電所誘致を検討していた。こうしたなかで、１９６０年５月に福島県の佐藤善一郎知事から、双葉郡の大熊町と双葉町にまたがる旧陸軍航空基地および周辺地域に原子力発電所を建設するプランが東京電力に打診された。このプランはそれまで行われてきた調査・検討の要件に沿うものであり、東京電力は同地点に原子

力発電所を立地する方針を固めて、60年8月に福島県に対して正式に用地確保の申し入れを行った。〉

――原発立地としては、まず人口過疎の海岸線が選ばれ、電力需要地の東京などに近いことから、福島県と茨城県が候補にあがった。そして、地方振興を模索していた福島に立地することが決まったのである。

なお、ここでは、福島県から東京電力に原発の誘致をしたかのように書かれているが、事実はそうではない。東電第三代社長である木川田一隆が福島県知事に原発をすすめ、情報の橋渡しをしていたのである。

木川田は、福島県伊達郡梁川町《やながわ》（現・伊達市梁川）の生まれである。梁川は海岸線に接しているわけではなかったが、木川田は当然、郷里福島県の海岸線の過疎化の窮状を知っていたはずである。自分のふるさとを豊かにしたいというおもいが、木川田を駆り立てたのではないだろうか。

断崖がつづく福島の海岸線における自然的条件の厳しさを、別の原発関連文献も語っている。『電力新報』（一九七一年三月号）に掲載された「福島原子力発電所一号機の建設と今後の開発計画」という論文である。『東電帝国　その失敗の本質』によれば、この執筆者は、当時の技術担当常務で、のちに副社長と電気学会会長を務める田中直次郎である。

〈この地域の海岸線は三五メートルの断崖をなす浸蝕性の丘陵地で、太平洋の波濤が四六時中岸をかんでいる。この断崖上の丘陵地を建設地点に選び、太平洋の波浪のものすごいエネルギーの破壊力に逆らって防波堤を築造し、冷却水取水と重量物荷揚げに備える構想は、発電所建設地点としては世界に例のないもので、これを敢えて断行したのは、当社の先見と決断によるものと思う。また、これは当社の土木技術陣が長年にわたり、このようなレイアウトの研究を重ねてきた成果でもある。〉

「冷却水取水と重量物荷揚げに備え」た結果、東電は丘陵を三〇メートルあまり削ったのである。さきに述べたように、経済的観点からすれば、たしかに合理的な判断であったのかもしれないが、田中の自負とは裏腹に、自然災害を計算に入れなかったこのレイアウトこそが、原発に津波の被害をもたらす原因となったのである。

原発により姿を変える海岸線、姿を残す海岸線

福島のばあい、原子力発電所の建設にさいしては丘陵地を削り取るという方法で、海岸線の姿を変えた。だが、原発というのは、きわめて危険性をはらんだ人為的・産業的な構造物であるがゆえに、近辺に住民は住まわせず、そのため海岸線が保存されるという逆説的な事象も起きていた。そのことについては、試験問題の一部を引くというかたちで、『海岸線の歴史』からすでに引用しておいた。

その手つかずの自然の一つに、台湾最大の原子力発電所の周辺地帯がある。台湾最大の原子力発電所とは、南部にある高雄市のなお南方八〇キロメートル、フィリピンと接するバシー海峡に面する台湾第三原子力発電所（馬鞍山《マアンシアン》発電所）である。周囲を墾丁《コンティ》国家公園が囲み、原生林のなかに野生動物が暮らしている。

原発があるから手つかずの自然が残るというのは大いなる皮肉であるが、原発がひとたび事故を起こせば、この自然と風景とてひとたまりもなく危険な存在になる。さきに示したウォールストリートジャーナルの調査では、日本と同じく台湾全土が地震危険地帯で、危険度の高い原発と指摘されているのである。台湾に数年まえに起こった大きな地震は北部であっ

たから、原発に被害は出なかった。

旧ソ連（現・ウクライナ）のチェルノブイリの原発事故（一九八六年）では、爆発した原子炉をコンクリートで覆う石棺で封じ込めた。だが、その後二十五年にわたって原発のエネルギーを浴びつづけてコンクリートが劣化し、いまでは放射線が外部に漏れ出している。日本でのコンクリートの法定耐用年数は三十三年。チェルノブイリの石棺は、事故から二十五年で用をなさなくなりつつあり、それをもう一度石棺で覆い直すなどの対策が検討されている。

福島第一原子力発電所が営業運転をはじめたのは、一九七一年三月のことである。東日本大震災が起きたとき、施設は完成から四十年の歳月が経過していた。今となってみれば、原発施設自体が耐用年数を超えていたという見方も当然可能であるが、減価償却期間を終え、キャッシュを生みつづける原発は、経済論理からすれば建て替えず、使いつづけて利益をあげるべきだ、という東京電力の経営判断であったのだろう。

また、防衛上、核兵器の開発ならびに核技術の保持を主張する人がいるが、その必要はないことが「フクシマ」の事故でまた明らかになった。原子力発電所にミサイルを撃ちこめば、その国の機能を十分に麻痺させることができるからである。精度のいいミサイルをもてば、核兵器をもつに近い防衛力になるのである。

福島第一原発で安全に燃料棒を取り出せるようになるまでに三十年はかかるはずだ。その間、福島の海岸線は人が近づけず、どうなってしまうのだろうか。政府および復興構想会議の計画のなかに、福島の海岸線の将来の姿は見えてこない。

「除染」に表れる日本人の海への意識の薄れ

原発事故を収束させるのと相まって、風や雨にともなわれて各地に飛散した放射性物質をいかに除染するかが、各地の課題となっている。

だが、政府や地方自治体が推しすすめようとしている除染の方法については、二つの点で大きな疑問を抱かざるをえない。

一つは、福島県は七五パーセントが森林で、人家や学校など人が住んだり、集まったりするところだけを除染しても意味がない、ということである。そうして、山や森林のなかまで除染ができるとは到底おもえない。

もう一つは、汚染された放射性物質を多くは水（高圧水流）で流すが、その水は海に流れる。結局のところ除染は、放射性物質は海に流せばいいという発想になる。

高圧水流で放射性物質が流れたさきに行き着くのは、海である。日本民族の祖先は海から来たとか、わが日本は「海のなかにある」、という意識があれば、このような暴挙はとてもおこなえないはずである。平然と海を汚す感覚は、日本人に海への意識が薄れていることを如実に表している。

もちろん、放射性物質をふくんだ瓦礫や草木や灰は地中に深く埋めればいい、という考えもある。しかし、原発の使用済み燃料（放射能をもつ）の処理場がない、という現実をみれば、この地中への埋め込みも、当面、除染の決め手にはならない。

第四章

東京の近郊

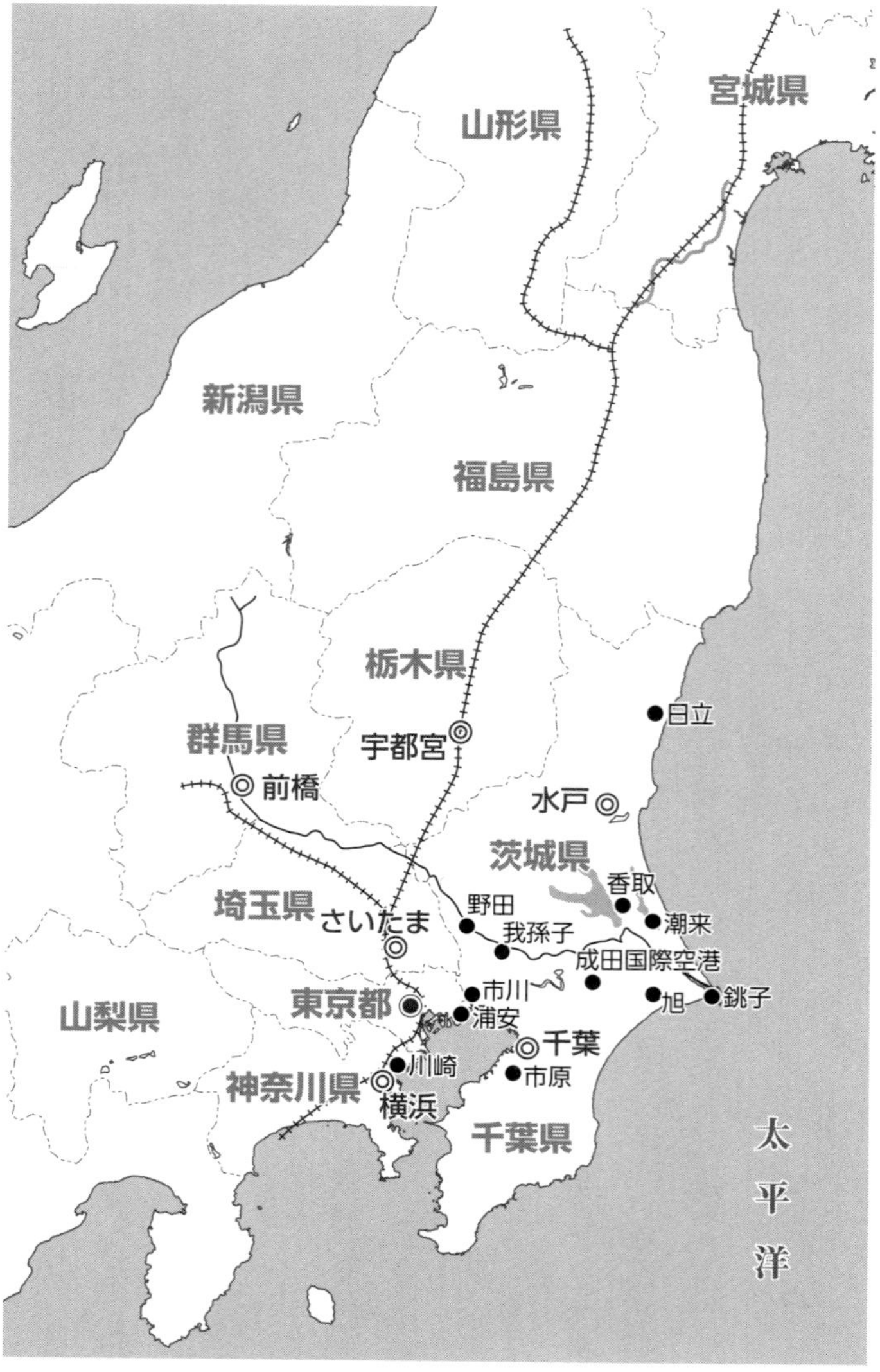
宮城県
山形県
新潟県
福島県
栃木県
日立
群馬県
宇都宮
前橋
水戸
茨城県
香取
野田
潮来
埼玉県
さいたま
我孫子
成田国際空港
市川
旭
銚子
東京都
山梨県
浦安
千葉
川崎
市原
神奈川県
横浜
千葉県
太
平
洋

福島第一原発の鉄塔

液状化した地盤

東日本大震災は、震源から離れた東京近郊の海岸線をも、液状化によって大きく変貌させた。

もっとも、今回の大地震は宮城県沖から茨城県沖にわたって五〇〇キロメートル、三つの地震が連動しているらしい。それゆえ、青森県八戸から千葉県の旭市まで大津波の被害にあったのである。地震による液状化被害が東京近郊のみならず、茨城県、千葉県、埼玉県、神奈川県に及んでいるのも、ゆえなしとしない。

液状化現象は、砂と地下水を多くふくむ地盤で発生する。地震によって地下水が吹き出し、固まった砂を溶かしてしまうのである。砂の粒子の嚙み合う隙間に水が入り込み、固まっていた地盤が砂粒と化す。地下水と砂とが混合してねっとりとした泥水のような状態になるのである。もともと水辺であった埋立地や砂の多い河川敷で発生しやすい現象である。

津波被害が大きかったため、マグニチュード九・〇の地震によって生じた被害が見逃されることが多いが、福島第一原発のばあい、送電線の鉄塔が倒れたのは、津波が原因ではない。三五メートルの高台を削ったさい、その山砂《やますな》は、平地の小川など窪地に埋められた。その上に建てられた鉄塔が、液状化現象で倒壊したのである。

液状化の四つの被害

液状化の被害の形態は、大きく分けて、四つある。

一つが、地上の建物や土木構築物の倒壊や傾斜、そして沈下である。緩んだ地盤が地震の揺れで水平方向に移動する、あるいは地上の建造物を支える力を失い沈み込むことで、発生する。液状化のもっとも典型的な被害の形態であり、東日本大震災でも多くの建造物がこの被害をうけた。なお、前者の水平方向への移動を、地盤の「側方流動」という。

二つ目が、地中構築物、すなわち下水道やマンホール、浄化槽などが、地底から吹き上げ

久之浜の液状化した護岸のゆがみや凹み

られる砂といっしょに、地上に浮上することである。震災後の千葉県浦安市の東京湾沿い（埋立地）では、マンホールが二メートル近く浮き上がった。

三つ目の被害の形態は、護岸や岸壁の倒壊である。液状化にともない、土が護岸や岸壁を押す力が増大し、それによって地盤が凹む現象である。久之浜の海岸にあるコンクリート護岸は、液状化で地盤が凹《くぼ》んだ結果、その上にのっている護岸にゆがみや凹みができたとおもわれる。

石巻や宮古などでは、津波に襲われるまえに、地震による地盤の陥没と液状化が同時に発生していた可能性が高い。今も大潮のたびに海辺の市街地は一メートル近くも浸水し、再建の大きな妨げになっている。

また、千葉県市原にある石油化学コンビナートでは、液状化で護岸が破壊され、石油タンクやガスタンクが横転した。それによって石油やガスが海上に流出し、海に流された船や物がぶつかる摩擦熱や火花で引火し、大きな火災を引き起こしたのである。

四つ目が、道路や鉄橋の盛り土、河川堤防の被害である。震災では、利根川沿いの千葉県の野田市や我孫子《あびこ》市、香取市佐原、茨城県の潮来市などがこの形態の被害に遭った。これらの町は、一九六〇年代の高度成長以降、東京近郊に人口が集中する時代に河川敷を埋め立てて形成された新しい都市である。もとは河原であった砂地の地盤に水が入り込み、多くの新しい住宅が被害を受けた。

幕張と浦安

液状化現象は高度経済成長以後

液状化という、地崩れでも地盤沈下でも津波でもない、地震によるもう一つの被害現象がくわしくわかったのは、昭和五十八（一九八三）年に新潟で起きた日本海中部地震のときである。秋田県能代市で「側方流動」が観測され、その移動幅は最大五メートルを記録した。地盤が水平方向に五メートルも動くと、もちろん地上の建築物や構造物は建っていられない。このとき、多くの建物が被害を受けたのである。

また、昭和三十九（一九六四）年に起きた新潟地震においても、液状化の被害が発生していたことが、のちの調査で判明した。地震前と地震後に撮影した航空写真を比較調査したところ、信濃川と阿賀野川の沿岸部で、最大一一メートルの「側方流動」があった、というのである。

液状化が大都市を襲った近年の事例としては、平成七（一九九五）年の阪神淡路大震災が挙げられる。神戸の港湾沿いの土地はほとんどが埋立地であり、神戸ポートアイランドや六甲アイランドで、高層マンションが傾いたり、橋がずれ落ちたり、地盤が陥没したりする液状化の被害が報告されている。

東日本大震災で最大の液状化による被害が出たのは、千葉県の東京湾沿岸部である。もともと、ＪＲ総武線より海側の地域は、かつて海辺であった。その内側に新しく敷かれたＪＲ京葉線は、もともと海だった場所を走っている。「幕張」などは元来、総武線の幕張駅周辺を指す千葉市花見川区の地名であったが、埋め立てにより海岸線が海にせり出したことで、「幕張」が指し示す地域は大きく広がった。現在幕張メッセが建っている地域から千葉マリンスタジアムまで、一般に広く「幕張」と認識されるようになったのである。この一帯周辺では、今回、多くの個人用住宅が被害を受けた。

幕張の東南方に位置する東京湾東岸の市原でも、さきにふれたように、液状化現象によって臨海工業地帯の石油化学コンビナートが火災の被害に遭った。

また、東京ディズニーランドがある浦安の一帯も、かつては海であった。作家の山本周五郎は、埋め立てられるまえの浦安に住んでいたことがあり、昭和三十五（一九六〇）年に発表した『青べか物語』でかつての浦安を描いている。「べか」とは東京湾で漁をする小さな漁船のことで、浦安一帯には漁場や釣り船屋や食事処が建ち並んでいた。この浦安一帯が埋め立てられたのは一九六五年以降、東京オリンピックを受けて、日本が高度経済成長期に突入したころであった。

千葉県全体で液状化の被害は四万二七六七世帯を数えた。そのうちの七割強、三万九八六六世帯が浦安の住宅である。東京ディズニーランドの駐車場も水と砂が吹き出して、三ヵ月ほど使用することができなかったほどだ。

液状化による被害で、不動産価値が激しく下落したところも多い。なかには、下水道をふくむインフラが破壊され、路線価の値がつけられず、〇パーセントの評価を受けて、価値がなくなってしまったところもある。これでは、土地を売って別の場所に家を建てることもできない。

液状化被害への対策は可能か

液状化の被害を国が補助する法律はない。しかし、個人はもちろんのこと、自治体もその復旧費用をすべて負担することはできないであろう。住宅は個人財産ではあるが、埋め立てや干拓を許可したのは行政であり、何らかの支援がなされるべきかもしれない。

その方策の一つとして、国が地価で買い上げることが考えられる。地価は、路線価の十分の一程度というのが、おおよその相場である。土地を買い上げてもらえば、別の土地で新しい生活をはじめるための幾分かの足しにはなるだろう。公共事業で液状化現象に対応できる大規模な宅地造成や、液状化に耐えられる住宅を建てる方法も考えられる。

だが、被害が大きかった浦安では、住宅の再建がそもそも可能なのかどうかが危ぶまれている。液状化した地盤の上に新たに住宅を建てるには、杭を深く打ちなおして、新たに補強工事をする必要がある。ただ、柔らかい地盤が三メートル以上あるところでは、この工法は役に立たない。

浦安では、「側方流動」が三メートルを超えて地盤が緩んだと見られている。マンションであれば一〇メートル程度まで鉄骨を打ち込むが、戸建て住宅では通常そこまでの対策はとらない。個人用住宅の再建という課題が住民に大きくのしかかっている。
東日本大震災は、このように東京湾沿岸にも大きな爪痕《つめあと》を残しているのである。

終章

海岸線は語る

海岸線の復興――ふるさとの再生

東日本大震災が起きた二〇一一（平成二十三）年三月十一日、わたしは内閣官房参与を務めていた。なお、内閣官房参与の部屋は首相官邸の四階にある。

首相官邸には、そのあと復興の全体構想を考える人物が誰もいなかった。官邸一階にいるのは各省庁から出向している官僚およそ二百人で、かれらは農林水産省なら農業や漁業の復興、経済産業省なら原発問題への対応、外務省はアメリカをはじめとする外国からの支援にどう応じるか、とそれぞれ所属官庁の領域でしか事態を捉えていなかった。

本来なら、首相とともに五階にいる官房長官がその全体的役割を担い、決断すべき首相に進言する立場であるはずだが、その任に当たっていた枝野幸男さんは、東京電力や文科省をはじめとする各省庁のあまりにも非道《ひど》い原発事故への対応で、一時間おきに記者会見を開いているような状況だった。とても復興構想を考えるような時間などなかった。それに、首相と官房長官のいる官邸五階と、各省庁から派遣されてくる官僚のいる一階とは、まったくといっていいほど連携がとれていなかった。

このままではまずい。そう、『海岸線の歴史』を書き著したものとして、東日本それぞれの地域の風土と産業と文化に見合った復興構想を考えねばならない、とわたしは強く感じたのである。東北地方の海岸線の実情についても、本を書くためにずいぶんと調べていた。

本書でふれたように、東北地方の海岸線は、岩手・宮城・福島で、大きくその地形も産業も暮らしのあり方も異なっている。その時点で、わたしの手元に十分な情報は届いていなかったが、それぞれの地域で被害の規模や形態も大きく異なっていることは、容易に想像ができた。復興計画は、原発事故による被害をもふくめて、地域の実情にあわせたかたちで立てねばならない。

ただ、復興の具体的プランは地域に即して個別に考えるにしても、政府としては全体を束ねる復興ビジョンが必要である。それは、「ふるさとの再生」である、とわたしは考えたのである。

これも繰り返し述べていることだが、日本人は折口信夫《おりくちしのぶ》のいうように、「海やまのあひだ」に住まいしてきた民族である。日本列島の四方を海に囲まれ、内陸には高い山がそびえている。内陸の山中に暮らす人びともいないわけではないが、日本人の祖先の多くは、「海」と「やま」のあいだの、非常に狭い平野部にへばりつくように生きてきた。すなわち、日本全体で考えると、日本人の誰もが海岸線に住まいしてきたのであり、海岸線はその日本人にとって

「ふるさと」そのものであるともいえる。

日本列島の「海」と「やま」は、豊かな自然を育んできた。四季折おりの風景や食べ物は、日本人の精神的細やかさやその繊細な美的感覚を養ってきた。ときに、自然の猛威にさらされることもあるが、それをも受け入れ、自然と共生する暮らし方を選びつづけてきたのが、日本民族だった。

だが、西洋近代の到来は、日本人の意識をしだいに海岸線から遠ざけていったような気がする。それは結局のところ、自然＝海と共生していた日本人の思想が、西洋近代の文明観、すなわち人間は自然を支配・克服することによって文明を手にすることができる、という思想に近づいていったことを意味する。

このばあい、自然の支配には科学技術の利用による、コンクリートの防波堤から原子力発電までがふくまれる。そのことの意味を今回の大震災と原発事故の経験によって、日本人が思い知らされたのである。

西洋近代の文明観は、自然に蓋をして抑えつけ、征服しようという発想が根底にある。海岸線をコンクリートで覆い、海岸線にテトラポットを敷き詰め、自然を人間の「向こう側」へと追いやった。それにより、日本人の自然観が変わり、ひいては精神風土、意識空間までもが変容してしまった。そのことに対する反省と危機感が、わたしに前著『海岸線の歴史』を書かせることになった、といってもいい。

海岸線の異常に長い日本の復興を考えるにあたっては、日本人の意識が遠ざかりつつあった海岸線との距離を、もう一度捉え直すことからはじめなければならない。近代の文明観をもう一度考え直し、海辺を「わが日本の畏《おそ》るべき自然＝ふるさと」として取り戻す必要がある。東日本大震災後の復興は、海辺に暮らしてきた民族そのものの再考を意味するのである。

わたしが三月二十三日に菅首相に提出した『復興ビジョン（案）』という復興の私案には、そういうおもいをこめたのである。

基本的な方針として、津波の被害を受けた地域は暮らしの手段としては海辺を利用すべきだが、そこに人は住まないようにすべきだ、と考えた。当然、それには移住や移転をともなうことになるが、いまある集落の単位を維持することが重要である。「ふるさと」とは何かといえば、風土に合わせて住む人びとの共同体であり、いまふうにいえばコミュニティであるからだ。

岩手のリアス式海岸の入江で漁業を生業《なりわい》とする地域では、港湾や漁業施設の再建とともに、宮古市重茂《おもえ》地区姉吉のように、住まいを後背地の山ないし高台に移転する。車があれば、住宅から入江の仕事場まで五、六分で通えるはずである。車がなくとも、三十分あれば眼下の海辺に通えるだろう。二〇メートルの高いコンクリート要塞のような防波堤をつくって、海を見ることもできない生活をするよりも、ずっと人間的である。

大槌などでは、防波堤は現在と同じでいい、それよりも高台移転を、と住民たちが言いだしている。

仙台平野においては、平坦な土地が内陸まで五、六キロメートルにわたって広がっている。都市近郊の農業が盛んなこの地域は、防波堤と防潮林で農地を災害から守るとともに、住居、ばあいによっては集合住宅を多少なりとも標高の高い内陸のほうに寄せてつくるしか、人命と暮らしを両立させる方法はないであろう。

放射能で汚染された福島の海岸線沿いに住む人びとも、放射能濃度が薄まるまで、やはり移住してもらうしかないだろう。そのばあい、いまある「ふるさと」のかたちをできるだけ再現できるような、まとまった広さの土地を見つけるべきである。たとえば、飯舘村のように酪農家が多い集落なら、酪農ができる場所を提供しなければならない。政府は福島第一原発の事故は「収束」した（二〇一一年十二月十六日）、というが、原発はあいかわらず放射能を「閉じ込め」られていないのだから、当面、その周辺に人を住まわせるべきではないのでである。

住宅とあわせて、生活の再建、すなわち仕事の再開が急務である。義援金や賠償金は、当面の生活の手だすけになっても、働くことが人間の生きがいなのである。

漁民の生活の基盤は、海にある。より正確にいえば、漁業権にある。漁業協同組合は、共同体における漁民の漁業権を束ねて成り立っている。漁船と港、水揚げ所と加工場などの施設があれば、漁業を再開することができる。港湾の修復は、県や国からの支援が必要としても、漁協が有する財産で漁船を共同購入することもできる。船があれば、秋にはサンマを、冬にはサケを、春にはカツオやアジを水揚げすることができる。マグロの遠洋漁業は、船が遠くに出ていたため、津波の被害を免れたところが多い。それをもふくめて、漁業が再開されれば、生活の糧《かて》を得ることができるし、漁民の暮らしを守ることができる。そのための支援を急ぐべきである。

復興の財源

大津波の被害を受けた海岸線は、いつかまた同じような被害をうける。それは新たに二〇メートルの防波堤をつくっても同じである。第一、津波の高さは三〇メートルに及んでいるのである。その海岸線に人を住まわせないようにするためには、政府がその土地所有者から土地を買い上げる、もしくは借り上げる必要がある。住居の移転には費用がかかる。高台に住居を建てるためにも、港湾の整備にも資金が必要である。こうした巨額の負担を、個人や地域自治体だけで背負いきれるものではない。国が、復興のための費用を捻出するしかない。

そのための財源についても、『復興ビジョン（案）』で提起しておいた。結論をさきにいえば、無利子の復興債を発行すべきであると考えたのである。

税金は、国民からあまねくとるのが原則である。広く、長く税金をとりたい財務省ならびにその支配下に置かれた復興構想会議は、当然、復興税を主張していた。だが、家を失い、職を失った東日本の被災者にも負担を強いる復興税を認めてはならない、というのが、わたしの考えだった。

とはいえ、無利子の復興債を発行して、その引き受け手（買い手）があるか。もちろん、それだけではむずかしいだろうが、利子をつけない代わりに、相続税を減免する措置を講ずればいいのである。

いま、日本には個人的な金融資産が一〇〇万ドル以上ある富裕層が一五三万世帯あるという。また、経済統計には表れないタンス貯金の総額は七十兆円あるといわれている。このうち、三十代、四十代の若年世代は、当面の事業の拡大や育児のための消費にお金を使うであろうが、高齢の富裕層は、資産を後の世代にいかに相続させるかに大きな関心を抱いているはずである。その相続税を減免することで、こうした高齢富裕層が多額の債券を引き受けることになるのではないか。

復興のための資金十兆円を集めるのに、一人一億円なら十万人、一人十億円なら一万人で十兆円になる。タンス貯金は財務省から見れば、税金をかけられないグレーなお金かもしれないが、それを社会のために使えて、相続税も優遇されるのであれば、富裕層から瞬時に十兆円の資金を集めることも容易であるはずだ。

こうした復興の全体ビジョン、地域ごとの大まかな復興プラン、財源の私案をまとめ、三月二十三日には菅直人首相（当時）へ進言することになったのである（その後、数回にわたって、細かい修正と加筆の私案を提出した）。

現場をもたない復興構想会議

菅首相は、わたしの提言当初、この『復興ビジョン（案）』をベースに仙谷官房副長官（前官房長官）が中心となったチームをつくって、復興の指揮に当たることを了解していた。だが、それからしばらくして、菅首相は「復興構想会議をつくってそっちでやっていく」と言いはじめた。菅首相は、良きにつけ悪しきにつけ、人に物事を任せられない、人を使うことをしないのである。

しかも、その復興構想会議が多くの問題をはらんでいた。

まず人選である。会議のメンバーはそのトップもふくめて、学者がその中心を占めた。最初は、東大総長をつとめた学者がトップの候補にあがった。ところが、一人目の候補は東京電力の監査役をつとめており、二人目は原発機器メーカーである東芝の社外取締役をつとめていた。二人とも原発事故の利害関係者として、案は没になった。その人選じたいに、問題があったのである。

それに、学者は現場を知らない。海岸線の暮らしの現実も知らない。それで、被災地の実情に即した現実的復興プランを立てられるはずがないし、財源をどこから確保すべきかの知恵もない。その結果として、個々の分野ではあれ、財源もふくめて、まだ現場を知っている五十人の官僚が会議を牛耳ることになった。

会議で議論されている内容も机上の空論だったとおもわれる。たとえば、高さ一〇メートルの防波堤で津波を防げなかったのだから、二〇メートルにすればいいという発想がまかり通ろうとするのである。人工構築物で自然の猛威を押さえ込めるという、近代主義の発想じたいが打ち破られたことを理解していないのである。

復興構想会議が打ち出した、「漁業特区」構想も問題である。「漁業特区」は、漁業を集約して、民間資本の漁業参入を促すことを目指しているらしい。資本投下の効率のいい大規模な漁業につくりなおそうとしているのである。これは、海で暮らしてきた地元漁民の「ふるさと」を奪う行為である。

宮城県の気仙沼港のように、遠洋漁業を主とし、もともと大規模な漁業を展開していたものを再興することに問題はない。けれども、三陸リアス式海岸の小さな浦々で、数戸から数十戸の規模で暮らしとしての漁業を営んできた人びとに、大規模集約漁業をやれと言ってもできるはずがないし、そもそも福島県には大きな漁港がない。宮城県でも北部の気仙沼港や石巻港をおいては無理であろう。復興の構想会議の議論をまとめた官僚は、結局のところ、「ふるさと」を守る、暮らしとしての漁業（同じように農業も）への眼差しをもっていない。

同じ問題は、政府の復興構想会議だけでなく、宮城県の震災復興会議でも見られた。

宮城県の震災復興会議は、議長を前・東大総長で現・三菱総合研究所理事長の小宮山宏氏が務め、副議長を日本総合研究所理事長の寺島実郎氏が務めた。

小宮山氏は、政府の復興構想会議の議長候補として最初に名前があがった人物であったが、すでにふれたように原発事故を引き起こした東京電力の監査役を務める利害関係者であったため、その人事は回避された。その人物を、宮城県の復興会議は長に据えたのである。

それに、小宮山氏にしても、寺島氏にしても、長いこと東京で暮らしてきた都会の人間である。近代文明、都市文明のなかで生きている人びとである。海で漁をし、海辺の松原を眺めながら田植えをするような、海岸線に住まうひとではない。東京や中央の発想で東北の海岸線を復興しようとしたところで、近代文明の論理、都市の論理、資本の論理でしか海岸線を見ることができない。宮城県の村井嘉浩知事が、復興の切り札として「漁業特区」を掲げていたのも、この震災復興会議を支配した資本の論理の影響によるところが大きい。

村井知事は、トヨタをはじめ、大企業の工場を誘致することも復興計画案の一つとして掲げている。だが、工場を誘致すれば地域が栄え、近代産業を興せば地方が豊かになるという発想が、これからの時代においては、もはや通用しないのではないだろうか。加えて、ふたたび津波を受ける可能性のある海岸線に、石油タンクやガスタンク、ひいては原子力発電所が並ぶことには再考の余地がある。再び同じ過ちを繰り返そうとしているのではないだろうか。わたしたちは戦後日本の経済至上主義の発想から自由にならなければいけない段階に来ている。

政府の復興構想会議にしろ、宮城県の震災復興会議にしろ、県知事レベルではなく、海岸線の暮らしの現場をよく知る人をもっと登用すべきであった。具体的には、市町村長や漁業組合に属する人たちである。地方の知事は、広域行政体の長としての立場から見るため、総体としてのマクロな数字だけしか知らない。その数字からは、海岸線で暮らす人びとの営みが捨象されてしまっている。

もちろん、復興計画のすべてが問題なわけではない。村井知事の「津波の被災地に家を建てないという前提で計画をスタートした」「失った十二万人の雇用を早く戻さないと復興したとはいえない」という発言には、全面的に賛成する（右の発言はいずれも二〇一一年十一月六日の『日本経済新聞』による）。しかし、具体的な復興プランが、学者の見方、資本の論理になっていることが問題なのである。

復興計画を学者に委ねてはならない

現場を知らない学者や官僚に、復興の具体的プランを委ねてはならない。これは、学者憎しの思いからいうのではない。わたしはそのことを、二十年あまりまえに体験した出来事から痛感したのである。震災とは離れるが、そのときの経験を紹介しておきたい。

長崎の沖合いにある高島炭鉱を、それが廃鉱になったあと、二度目に訪ねたときのことであった。

高島は、長崎市から南西に約一五キロメートル、船で一時間ほどのところにある海上の島で、かつては島全体が炭鉱だった。三キロメートルほど南の海には、同じく炭鉱で栄え、産業遺構として有名な端島《はしま》、通称「軍艦島」がある（現在は、無人）。高島と端島は、平成十七（二〇〇五）年の合併で長崎市に編入された。それまでは、高島町という独立した自治体であった。

高島と端島の炭鉱は、三菱鉱山が経営していた。高島の歴史には、トマス・グラバーの姿が見える。幕末、佐賀藩とグラバーが共同出資で近代的な石炭採取をはじめたのである。明治に入り、土佐藩の後藤象二郎がこの炭鉱を買い上げ、その後、幾人かの手を経て、明治十四（一八八一）年に、三菱の祖、岩崎彌太郎の手に炭鉱の権利が渡った。三菱は、後に端島も手に入れ、二つの島で炭鉱経営に力を入れたのである。

石炭は、長く日本の近代産業を支えたエネルギー資源であった。高島と端島の炭鉱は、日本経済と歩調を合わせるように発展をつづけ、昭和四十一（一九六六）年には年間一五三万九五〇〇トンを産出し、両島あわせて二万二千人ほどが暮らす賑わいを見せていた。ことに端島は、面積六・三ヘクタールほどの小さな島に五千人を超える人が生活しており、人口密度は世界一であったといわれている。

だが、一九六〇年代のエネルギー革命で燃料の主役が石炭から石油に移ると、昭和四十一年をピークに両島での石炭産出量は徐々に減少していった。なにしろ、地下三〇〇〇メートルのところまで坑道を掘り下げていたのである。昭和四十九（一九七四）年には、端島がいち早く閉山し、島から住人がいなくなった。操業をつづけていた高島も、昭和六十一（一九八六）年についに閉山を迎え、その後は高島に七百人あまりの人が暮らすのみだった。

高島は百年以上ものあいだ、炭鉱以外の産業も、石炭以外の資源ももたなかった。飲料水も確保できなければ発電所もなく、水も電気も隣の島に頼っていた。海にありながら、漁業をする人も技術もなかった。島には閉山以後、仕事がなく、商店も食堂もほとんどなかった。

小学校も閉鎖になった。働く世代は仕事を求めて島を離れ、島には、年金と失業手当で暮らす人のみ。その結果、病院とパチンコ店だけが残った。島で年金暮らしをする人びとは、普段はパチンコ店に行って時間をつぶし、体が悪くなったら病院に行く。そんな生活を送っていた。今度の東日本大震災で、産業が破壊された被災地の宮古市やいわき市で、パチンコ店だけが賑わいを見せていたのと重なる情景である。

高島は、衰退に喘《あえ》いでいた。かつての賑わいを取り戻そうと、当時の町長は町の再興に力を入れ、その再興計画に東大の教授を頼った。相談料は一千万円といわれる。小さな町には、とてつもない金額である。結局、その東大教授から出てきた再興プランは、長崎の南の海上にある「トロピカルな町」「海辺の町」をコンセプトに、南国のフルーツとシーフードで観光客を呼び寄せるアイディアだった。

現場の高島は、海岸線のすぐ手前まで山が迫っている。フルーツを育てられるような環境でも、土壌でもない。島は海に囲まれているとはいえ、島民に漁業の経験はなく、港も炭鉱経営に必要であった物資と人員を運び入れるためのものでしかない。観光客を宿泊させる施設はおろか、島民の食料さえ自給できない。サンゴ礁の海があるわけでもない。農業をするにも、漁業をするにも、観光業を図るにも、十分な条件が揃っているとは言いがたかった。

町長も、かつての三菱鉱山の労働組合長であった。相談料の一千万は無駄金となったのである。

使わなくなった陸上の炭鉱施設を転用することも検討され、ヒラメの養殖が計画された。高級なヒラメは、関西の都市圏では一匹一万円程度で売れるという。屋内にプールをつくり、電気で常に水を掻き回して酸素を送り込み、温度管理をすれば、さしたる技術や経験がなくともヒラメを育てられる、というのだ。その話を馬場さんという町長から聞いたわたしは、電気も水も隣の島から買う島で、その計画はやめたほうがいいとおもい、その旨伝えたが、町長は耳を貸さなかった。二千～三千匹のヒラメを養殖するようになったのである。

そして数年後、九州地方を襲った台風が、高島に電気を供給している隣の伊王島の変電所を襲った。高島では停電になり、その養殖施設の電気がとまり、水を攪拌《かくはん》して空気を送り込むことができなくなった。育てていたヒラメは一日後に全滅したのである。町長は、その責任を感じて、自ら命を絶った。

シンガポールのようになってはならない

宮城県の震災復興会議で副議長を務めた寺島実郎氏は、『中央公論』二〇一一年十二月号の対談で次のように述べ、日本の復興モデルはシンガポールである、という主張を展開していた。

シンガポールは淡路島程度の面積の小さな国。しかも人口も、工業生産力も、資源も、面積もない、ないない尽くしの国ですが、一昨年の一人当たりGDPは、四万九千ドル。日本の三万五千ドルをはるかに凌駕する経済国家なのです。では、そういう国がなぜ豊かになり得るのか。(略)

シンガポールは、先端的な次の世界の国家モデル。つまりバーチャル国家論と言って、目に見えない技術やシステム、サービス、ソフトウェアなどで財を創出するのがシンガポールなのです。シンガポールは華僑国家、その七六%が中華系の人々で中国の成長力をASEANに取り込む起点として、そういうネットワークの中での役割を果たしているのです。

加えて、大中華圏の研究開発センターといわれITやバイオの研究開発にすごく力を入れている。そして、メディカルツーリズムで世界中の金持ちをシンガポールで検診させたり、入院させたりする病院国家でもあります。

寺島氏は、この同じ対談のなかで、川崎にシンガポールのモデル特区をつくって実現する構想を披露している。そして、同じ考え方を、東日本大震災の被災地の復興、とくに仙台に適用しようとしているのである。

わたしの考えるところでは、シンガポールモデルは、国家モデルとしては危うい。なぜなら、シンガポールはそこに住む人びとの「ふるさと」になりえないからである。「ふるさと」とは、人が生まれ、人びとともに生活して、安んじて死んでいける場所である。

シンガポールには、山もなければ川もない。物資運搬の海はあるが、それは漁業をする海ではない。米をつくる田んぼもなければ、麦をつくる畑もない。オレンジがとれる木々もなければ、ニワトリを飼って肉や卵を収獲しているわけでもない。海に囲まれてはいるものの土着の造船所もなく、造船はインドの会社に委託している。加えて、人間が生きていくために必要な水や電気までも、他国に頼っている。送電線と水道管で、それらを隣国マレーシアから買って調達しているのである。シンガポールは、長崎の高島炭鉱と同じ状況にある。この状況で、繁栄が何年つづくのか、わたしにはわからない。

要するに、グローバルな世界のなかでの金融都市であるシンガポールには、何もシンガポール印の生産物や文化がないのである。そのため、シンガポールに住んでいる人も、お金以外、シンガポールに愛着を感じられないでいる。

シンガポールには、国立大学が一つだけ存在する。入るのがむずかしいことに加えて、卒業生はシンガポールでの生活を求められることから、シンガポール人の多くが、アメリカ、イギリス、オーストラリアの大学へ進学する。そして、国外へ留学した優秀な学生は、そのまま国外への移住と就職を希望する。そうすると、シンガポールに優秀な人材が不足するだろう。人材の流出を防ぐため、賃金を上げて、お金で人を呼び戻しているのである。一人あたりの国民所得が高いカラクリはここにある。

シンガポールの主たる産業は金融業である。何もつくらず、株や通貨の売り買いをして儲けているようなごく特殊な形態の国である。彼らは、毎日TVで金融情報を見て、通貨や株の売り買いをして過ごしている。バカンスで訪ねるインドネシアのバリ島の高級リゾート地でも、やはり同じように金融情報を見て、通貨や株の売り買いをして過ごしているのだ。

シンガポールの人びとは、高給取りのお金持ちはたしかに多いかもしれないが、それは「ふるさと」や国の特産物をもたないがゆえの代償である。言ってみれば、住民が金融情報を眺めて日々を過ごす、銀行の待合室のような国である。メディカルツーリズムが栄えているということであれば、病院の待合室のような国と言ってもいいかもしれない。

自然が豊かで、長い歴史もあり、産業もある日本が、百年も千年も生き残るためには、シンガポールをモデルにしてはならないのである。

農業と漁業の相似形

被災した東日本の海岸線、なかんずく「ふるさと」の漁業をどのように復興していくかという問題は、日本の農業の国際競争力をいかに高めていくか、という議論と重なるところがある。

衰退する農業に関していえば、零細農家の農地を集約し、農業を大規模化して国際競争力を高め、自由貿易のルールのもとで、日本の農産物も世界に打って出ようという主張がある。これは、漁業特区で零細漁業を集約し、大規模漁業を目指す「漁業特区」の計画と完全な相似形をなしている。とくに、ＴＰＰ（環太平洋戦略的経済連携協定）が具体的な政策課題として検討されるようになってからは、農業の大規模化をめぐる議論が活発になっている。

農業にせよ漁業にせよ、集約して大規模化すれば問題が解決するかのような論は、わたしの考えでは、短絡的に過ぎる。農業に関して言えば、日米の農家の一戸あたりの農地面積を比較すると、アメリカの一戸の農家は日本の農家の千倍の土地を有している。数百軒やそこらを集約したところで日本の農家は太刀打ちできないのである。

そもそも、広大な土地をもつ農業国のアメリカと規模の大きさで対抗しようという発想が間違っている。大規模化がすべて悪いというわけではないが、日本人の暮らしであった農業や漁業の意義を、もっと多様に、柔軟に捉えるべきだ。ここでは、農業の三つの形態について考えてみたい（このことについて、わたしは『読売新聞』二〇一〇年十二月六日付「『農業と開国』どう考える」で、すでに詳しくのべている）。

一つには、農業や漁業を、産業ではなく暮らしとして捉える見方をすべきである。山村の限界集落や三陸海岸の入江の小さな小さな漁港がこれに該当するだろう。自分の家や近隣の集落で食べるだけの米や魚がとれればいいという農業・漁業である。これを、国際競争力を高めるために大規模化する必要はない。

食料を生産して販売するという純粋な産業の観点からすると、こうした小さな農業・漁業は、国際経済のなかでは経済的効率性に欠ける、ということになる。

だが、かれらが日々の暮らしのなかで山に手を入れ、海に手を入れることで、守られている大切なものがある。山は荒れると保水力を失い、大雨が降ると土石流を起こして下流を襲う。間伐や下草刈りといった山を守る労働は、災害の発生を未然に防いでいるのである。日本の風景、美観を維持する、といった効果もある。海を守る労働にも、同様の効果が期待できる。

とくに東北地方の中山間地においては、冬のあいだに農業ができなくなり収入が途絶えることから、かつての自民党政権は、道路やダムをつくる公共事業によって農業労働者の雇用の受け皿としていた。

そうだとすれば、山や海を国民と国家の財産、ナショナル・トラストと捉え、それを守るための労働を公共事業で賄う方法が考えられるのである。コンクリートではなく、「ふるさと」をつくり、守るためにお金を回す新しいかたちの公共事業である。

二つ目は、ある程度の規模を集約し、ばあいによっては集落がまとまって付加価値の高い産品を生産する方法だ。岡山県新見市の限界集落では、最初は十軒が集まって、肥料や機器など農業設備を共同で購入し、ぶどうの高級品種ピオーネの栽培をはじめた。日本ほど四季がはっきりしている国は世界のなかでは珍しく、果物をつくるのに適している。

日本の農産物、とくに高級品種は、中国でもシンガポールでも韓国でも人気だ。いまでは新見の百軒あまりの家がピオーネの生産に携わり、村全体で年五億六千万円の収益を上げている。同様に、漁業においても、浜全体で船を共有し、漁港を整備していく方法が考えられる。震災後は、多くの船が失われたため、宮城県の南端、亘理《わたり》郡山元町磯浜港など、すでにそうしている浜もある。

そして三つ目の方法が、大規模集約である。漁業というよりは貿易港も合わせた漁港の例になるが、仙台港や茨城県の常陸那珂《ひたちなか》港がその例である。ただ、このような流通のハブになる巨大貿易港は、日本のなかにいくつかあれば足りる。

復興を考えるにあたっては、雇用を生みだす方法とともに、子孫にどういう風景、たとえていえばどんな海岸線を残していくか、ということが重要である。西洋近代文明との邂逅《かいこう》以来、日本人は、およそ一世紀半にわたって、防御的観点や経済の豊かさを最優先に考えてきたが、その近代ナショナリズムや経済至上主義の文明観からの転換が求められている。風景の美しさ、文化の豊かさを享受できる、精神的な財産を子孫に残していく必要がある。

「天国はいらない、ふるさとがほしい」

ロシアの共産主義革命（一九一七年）の近代化工業路線に、リャザン生まれの農村詩人、セルゲイ・エセーニンが反対の意思を表明した詩句がある。かれが残した詩句が、「天国はいらない、ふるさとがほしい」という言葉だった。

共産主義革命は、資本主義の高度な発展の止揚《しよう》として、マルクスによって論理化された理想社会（ユートピア）の実現を目指す運動である。労働者が資本家の搾取から自由になり、その労働によって獲得された富を平等に分配するユートピアをこの世に築くことを目指していた。人間はみな平等であるから、平等な分配を要求すると謳い、現実社会を「天国」にすることを掲げていたのである。

エセーニンはこれに対して、すべての近代の人間を工業社会の「労働者」として一緒くたに束ねる（＝全体主義的な）共産主義革命の発想を嫌った。農民は労働者ではないし、同じ農民でも、ロシアとウクライナとグルジアでは、暮らし方や文化や価値観も違う。当然、ロシア内部にも土地によってさまざまな違いがある。そういう「ふるさと」の違いを捨て去り、画一化されたイデオロギーによってユートピアを目指そうとする共産主義革命の発想そのものを嫌った。その共産主義社会のユートピアは宗教が用意する「天国」に近い。そういったイデオロギーの理想よりも、人が生まれ、住み、ついに死んでゆく目のまえのふるさとが、平和で、豊かで、安心のできる、農村的な共同の場所（トポス）であることを望んだのである。

エセーニンは、共産主義革命とその近代化工業路線に絶望し、「自分にはもはや帰るべきふるさとはない」といって自殺した（一九二五年）。だが、二十世紀の半ばの数十年間、共産主義革命のユートピア思想は、世界中で少なからぬ人びとを魅了しつづけた。わたしが学生であった一九六〇年代の後半まで、日本でも共産主義は大きな輝きを放っていた。共産主義革命こそが正しい革命であり、それ以外の革命は擬似、もしくは反革命であるというイデオロギーがまかりとおっていた。

共産主義ソ連は、科学技術の進歩を象徴する宇宙開発において、自由主義陣営の盟主だったアメリカのさきを進み、人工衛星を打ち上げたのも、生物を宇宙空間に送ったのも、人間を宇宙に送り込んだのも、ソ連が先であった。あの有名な「地球は青かった」という言葉は、世界で初めて宇宙から地球（グローブ）を見たソ連の宇宙飛行士、ガガーリンが残した言葉であった。グローバルという言葉は、地球に対するたんなる概念ではなく、この時点から現実的意味をもつようになった。

科学技術の進歩は、共産主義が理想社会を実現しているからだという言説が、まことしやかにささやかれた。資本主義を止揚したという共産主義においても、自然は人間が支配・征服すべき対象であり、風土や文化の違いは普遍的な科学技術によって克服される、と喧伝《けんでん》された。共産主義は西洋近代の最先端、近代主義そのものだったのである。

日本の多くの人びとが共産主義革命の幻想から目覚めたのは、ソ連の非人間的なスターリン主義の実態よりも、一九七二年の連合赤軍事件の衝撃によってであった。連合赤軍メンバーの頭のなかには共産主義イデオロギーしかなく、「革命は銃口から生まれる」という思想(毛沢東の革命理論)のもとに、文化大革命でも多くの血が流された。頭のなかでつくられたイデオロギーは、現実には甚大な犠牲しかもたらさなかったのである。

東西対立の世界も、すこしずつ共産主義革命の夢から目を覚ましていった。中国の文化大革命では一千万人を超える犠牲者が出たといわれる。コルホーズやソホーズといったソ連の全体主義的な農場は、喧伝されていたほど生産性は高くなく、ソ連はそれほど豊かではないことも、一九六〇年代には徐々に知られるようになった。一九八六年に起きたチェルノブイリ原発事故では、ソ連は独力で事故を収束させる力をもたなかった。国際社会から技術や資金の援助を得て、石棺で原子炉を封じ込め、ようやく一応の区切りをつけた(そのコンクリートの石棺にひび割れができ、放射能がふたたび漏れはじめていることについては、すでにふれた）。そして、一九八九年のベルリンの壁崩壊と一九九一年のソ連解体で、世界はようやく共産主義の夢から覚めたのである。

だが、冷戦の勝者とされる自由主義・資本主義とて、地上に近代西洋文明の理想社会をつくろうとする点では、共産主義と同じである。自由に働き自由に競争して勝った人が多くとる「競争の自由」をよしとするか、人間の平等に重きを置いて「分配の平等」を善とするかの、イデオロギーの違いだけである。東西対立の冷戦構造は、近代化をすすめる自由主義・資本主義のユートピアと、共産主義革命のユートピアが対立する構図であった。

共産主義と原子力発電の同質性

わたしの友人に、本橋成一《もとはしせいいち》という写真家・映画監督がいる。本橋さんは、一九九七年に、チェルノブイリ原発事故によって地図から消された村を題材にした、『ナージャの村』というドキュメンタリー映画を撮った。映画の舞台である、ベラルーシ共和国のドゥヂチ村は、チェルノブイリから二〇〇キロメートルも遠く離れているにもかかわらず、風下だったため高濃度の放射性物質によって汚染された、いわゆる「ホットスポット」である。ドゥヂチ村は強制退去地区とされ、住民は村から離散し、地図からその名が消されたのである。

ナージャは、そのドゥヂチ村に住んでいた少女の名である。七歳ぐらいであったろうか。村の小学校は、遠い、安全な村に学校ごと移転した。ナージャも、「ふるさと」を去らねばならなかった。

事故からすこし経つと、大人たちは一人二人と村に戻ってきた。自分たちが生まれ育ったふるさとを離れたくないのだという。自分たちはもう子どもを産むわけでもないし、村は放っておけば荒れ果てていくだけであり、地図の上からだけでなく、本当になくなってしまう。そういうおもいを抱いた大人たちが、村へと戻ってきたのである。

この映画のなかで、「ジャガイモもニワトリも土も汚れているのに、なぜここに戻ってきたのか」と問われたことに対して、鍬《くわ》を肩にかついだ農夫が答える。「これは人間が汚したものだ。俺たちはここで生まれ、育ち、死んでいく人間だ」と。

そして、その農夫はつづけた。

「天国はいらない、ふるさとがほしい」（エセーニン）と。

その農夫に、どれほどの教養があったかはわからない。それが、エセーニンの詩句であることを知っていたかどうかも定かではない。だが、このエセーニンの詩句は、放射能に汚染されて、いちどは「ふるさと」を離れた村びとの心のなかに、しっかりと蘇ってくる力をもっていたのである。

人間存在の根の場所としての「ふるさと」

人間がふるさとをおもうのは、それがじぶんたちの存在の根であるからだ。地図から消えた村であっても、強制退去を命じられた地域であっても、そこがじぶんたちが生まれ、住み、死んでゆく精神の核であり、それを消し去ることはできない。

世界のグローバル化、とくに経済・金融・情報が「一つになる」時代を生きぬく思想はパトリオティズム（＝郷土愛）である、というのが、わたしの考えである。しかし、パトリオティズムという概念では、いかにも難しい。そこでわたしはこの思想概念を説明するときに、「天国はいらない、ふるさとがほしい」という言葉を用いてきたのである。

二〇一一年一月十九日——大震災および原発事故の二カ月まえだ——、わたしが菅首相に提出した「〈第三の開国〉五箇条」でも、その第五条に、「天国はいらない、ふるさとをつくれ」が開国の時代には必要だ、と記しておいた。

おそらく、チェルノブイリ原発事故のあとベラルーシのドゥヂチ村で起こったのと同じことが、数年後の福島でも起こるだろう。そのことを見据えて、今から政府がなすべきことが、二つある。一つは、放射能汚染地域に、子どもたちを絶対に住まわせないことである。

そして、もう一つ。当面は集落が丸ごと住める新しい土地を、できるだけ早く用意することである。

二〇一一年三月二十三日の段階で、わたしは五万人規模の人が住める土地を一つ想定し、菅首相にも提示しておいた。なぜそういう大規模な土地が必要かというと、飯舘村のような長年酪農をやってきた人びとには、酪農ができる広さが必要だからである。それは、かれらには生業となっているのが、酪農であったからだ。かれらに都会に出て、コンビニに勤めればいいではないか、とはいえない。じぶんの身についた生業を奪われたとき、その土地は「ふるさと」である要諦を失う。

そのことを、わたしは昨年七月の初め、北海道の新十津川町のことを調べに行って気づかせられた。新十津川町は、明治二十二(一八八九)年八月に大豪雨による洪水で村を流された奈良県の山奥の十津川村の人びとが、千人規模で移住してきた土地である。奈良県の十津川郷では、山中で木を伐って大阪などに運んで生活することを生業としてきた。

それゆえ、北海道でも、山の木を伐り出して新しい住居を建てるところまでは、かれらの得意とするところだった。しかし、泥炭の多い北海道の地を改良し、米づくりをすることは、かれらの生業の技術にはなかった。その結果、新十津川町で米づくりをはじめたのは、明治のなかごろ、宮城県の仙台平野から移住して来た人びとである。奈良県十津川村出身の人びとの多くは、故郷の山里に戻るか、満州に開拓民として渡って満州十津川村をつくるしかなかった。――そのことを、わたしは北海道の新十津川町をじぶんの意志で、そうしてじぶんの経費で調べに行って、知ったのである。

最後に、エセーニンの言葉が暗示しているように、共産主義革命と原子力発電には、人間が自然を克服できるという近代主義的同質性がある。共産主義を生んだ資本主義も、原子力発電を生んだ科学技術も、西洋近代文明のなかで生まれ、発達してきた。その西洋近代の文明――都市化と科学技術――が、この世の中を「天国」にしようとして、人びとから「ふるさと」を奪う結果をもたらした。そこに、西洋近代合理主義の限界を感じざるをえないのである。

わたしたちはいま、大津波によって破壊され、放射能によって汚染された日本の海岸線を手掛かりに、そこにコンクリートの要塞のような防波堤・防潮堤と原子力発電所をもたらした近代文明を考え直さなければならない。そうして、人間存在の根の場所としての「ふるさと」を再生する方法を追い求めていかなければならないのである。

あとがき

この二月はじめ、九州の宮崎で講演をする機会があった。その帰り、何十年かぶりで、日向灘の「鬼の洗濯岩」や青島の神社に立ち寄った。

その道すがら、案内をしてくれた人が「たぶんあなたは興味があるだろう」といって、寛文二（一六六二）年の京畿《けいき》大地震・大津波のさい、日向灘の「海岸線」に「小さな湾ができた」ことを示す絵図のコピーをくれた。絵図は、元禄十五（一七〇二）年のもので、京畿大地震の四十年後に描かれていた。そして、そこには、青島の西側の陸地――清武川と加江田川のあいだの海辺の低地――に小さな湾が出現し、そのなかに「島山」が生まれた事実が示されていた。

そうか、日向灘あたりにはあまり地震や津波はないと思っていたが、京畿大地震のさいにはここもずいぶんと地盤沈下したのだな、と気づかされたことだった。この湾も現在では埋め立てられ、姿を消している。

※　　※

東日本大震災の大津波と原発事故のあと、新聞やテレビで「海岸線」の文字を、毎日のように見たり聞いたりするようになった。しかし、そこに出てくる「海岸線」のイメージは、宮城県閖上《ゆりあげ》の松原を襲う津波の衝撃的な写真や、岩手県陸前高田の七万本の「高田松原」が一本を残してすべて流失した記事などによって、どれも同じような姿の海岸線になってしまっているような気がした。

同じく「海やまのあひだ」に挟まれた海岸線といっても、地方地方によってずいぶんと風景も産業も人の暮らしかたもちがう。――そう、『海岸線の歴史』(ミシマ社、二〇〇九年五月)を書いたわたしとしては異議申し立てをしたくなった。県単位でみても、宮城県の平らな仙台平野がひろがる海岸線と、岩手県のぎざぎざのリアス式海岸がみせる風景と、福島県の断崖が海に接し、それゆえ人があまり住まなかったために多くの原子力発電所が集中的に建てられた事情を、もっとよく観察する必要がある、と。

※　※

わたしは東日本大震災によって大きな被害をうけ、多くの人家がなくなった海岸線がいまどうなっているかを知るべく、各地に足を運んだ。それは、本書で何度かふれているように、まず「現場」を知らなければならないと考えたからだ。「現場」を知らないまま、復興を議論したところで仕方がない。その「現場」に立って、その土地の人びとのこれからの暮らしかたやこれからの「国づくり」を考えなければならない。

政府主催の復興構想会議に集められた学者と官僚たちは、会議室でえんえんと議論を重ねていた。それを横目で見ながら、わたしは『踊る大捜査線』のアオシマ刑事ではないが、「事件は現場で起きているのであって、会議室で起きているんじゃない」と叫びたくなった。

ともかくわたしは、じぶんの足で海岸線を歩いて、東日本大震災と原発事故のあと、東日本の海岸線がどうなっているかを見、そうして復興の全体的ビジョンと現実的な復興プランを考えてみようとしたのである。それが本書にほかならない。たった一人の行動と思索であるため限られた範囲での不十分な成果であることは、重々承知である。それでも、震災後の日本を生きる人びとに「現場」のことを伝えたかった。

二〇一二年二月五日　宮崎県の海岸線を見た次の日に

松本　健一

装幀　吉田篤弘・浩美（クラフト・エヴィング商會）

編集協力　萱原正嗣
写真　著者（一七、九六、九七、一二四、一二五、一四九頁を除く）

松本健一（まつもと・けんいち）

1946年群馬県生まれ。東京大学経済学部卒業。

現在、麗澤大学教授。評論・評伝・小説など多方面で活躍中。2011年3月11日におきた東日本大震災のときの内閣官房参与として、『復興ビジョン（案）』を菅直人首相（当時）に提出。

著書に『白旗伝説』『北一輝論』（以上、講談社学術文庫）、『近代アジア精神史の試み』（岩波現代文庫、アジア太平洋賞受賞）、『開国・維新』（中央公論新社）、『砂の文明・石の文明・泥の文明』（PHP新書）、『評伝 北一輝』（全五巻、岩波書店、毎日出版文化賞、司馬遼太郎賞受賞）、『畏るべき昭和天皇』（新潮文庫）、『天国はいらない ふるさとがほしい』（人間と歴史社）、『海岸線の歴史』（ミシマ社）など多数ある。

海岸線は語る
——東日本大震災のあとで

二〇一二年三月十一日　初版第一刷発行

著者　松本健一
発行者　三島邦弘
発行所　㈱ミシマ社
郵便番号一五二-〇〇三五
東京都目黒区自由が丘二-六-一三
電話　〇三(三七二四)五六一六
FAX　〇三(三七二四)五六一八
e-mail hatena@mishimasha.com
URL http://www.mishimasha.com/
振替　〇〇一六〇-一-三七二九七六
印刷・製本　(株)シナノ
組版　(有)エヴリ・シンク

ISBN978-4-903908-34-2

好評既刊

ボクは坊さん。

白川密成

24歳、突然、住職に！

仏教は「坊さん」だけが独占するには、あまりにもったいない！
大師の言葉とともに贈る、ポップソングみたいな坊さん生活。

IISBN978-4-903908-32-8　1600円

遊牧夫婦

近藤雄生

無職、結婚、そのまま海外！

旅が暮らしになる時代の新しい夫婦の形を記した、
異色の脱力系ノンフィクション。

IISBN978-4-903908-20-5　1600円

中国でお尻を手術。遊牧夫婦、アジアを行く

近藤雄生

年収30万の三十路ライター、人生に迷う。

初の新婚生活、先生との日中大議論、寝ゲリ、吃音コンプレックス……。現地で学び・生活する遊牧夫婦の新しい「暮らし方」。

IISBN978-4-903908-30-4　1600円

（価格税別）

―――― 好評既刊 ――――

超訳 古事記

鎌田東二

1300年の時を超え、本邦最古の書が蘇る！

現代の稗田阿礼「鎌田阿礼」が、名場面の数々を語りおろす。
瑞々しい日本語とともに全く新しい生命を得た、『古事記』決定版。

IISBN978-4-903908-15-1　1600円

街場の教育論

内田 樹

「学び」の扉を開く合言葉。それは……？

教育には親も文科省もメディアも要らない !?
教師は首尾一貫してはいけない !?　日本を救う、魂の 11 講義。

ISBN978-4-903908-10-6　1600円

増補版　街場の中国論

内田 樹

尖閣問題も反日デモも…おお、そういうことか。

「日本は中国から見れば化外の民」「中華思想はナショナリズムではない」…『街場の中国論』（2007 年刊）に、新たな 3 章が加わった決定版！

IISBN978-4-903908-25-0　1600円

（価格税別）